U0087767

近代領航人物

擊出魔幻時刻
貝比‧魯斯

成彥邦
陳紫薇　著

三民書局

打開每個人心中的「想像盒」

七十多年前，法國著名作家「安東尼·聖修伯里」寫過一本廣受歡迎並流傳至今的童話——《小王子》。書中那個好奇又好問的小男孩來自外星球，他純淨的心靈和真摯的感情，一直陪伴著我們地球上一代又一代人的成長。

作家聖修伯里曾經為小王子畫過一個可以讓綿羊居住的盒子。而作家自己也擁有一個珍寶盒，裡面收藏著老照片、舊信件和許多小玩意兒，他常常去翻弄這個盒子，想從中尋找創作的泉源。

三民書局的出版團隊也有這麼一個盛滿「想像」的大盒子，裡面匯集了編輯們經年累月的經驗、心得，以及來自作者、插畫家等的好主意和新點子。多年來，這個團隊不斷為小讀者們出版優秀的人物傳記、勵志叢書等。董事長劉振強先生認為這是出版人的使命，一個好傳統一定要延續下去，讓小讀者永遠有好書可讀，而且每一套書都要精益求精，各具特色。

因此，當我們開始構思下一套新書的方向，如何能夠既延續傳統，又能注入不同的角度和活力，呈現出一番新的面貌，便成為我們的首要考量。

編輯團隊圍坐在一起，慎重的打開我們的「想像盒」，希望從盒裡累積的智慧中汲取靈感。盒內的珍寶攤滿了桌面，眼前立即出現許多引導性的話語，大家一面仔細挑選，一面漸漸理出一個脈絡。

「書寫近代人物，更貼近小讀者的心靈。」

「介紹西方人物，增強小讀者對全球人物的興趣。」

「撰寫某個行業或某個領域中最有代表性的人物，他們的成就

對後世有重大影響，對小讀者有正面啟發作用。」

「多用說故事的方式寫作，以增加趣味性。」

「想像盒」就這樣奇妙的為我們搭起了一個框架，編輯團隊在這個架構中找到了方向，大家興奮的為新叢書定名為「近代領航人物」系列，並決定先從介紹西方人物入手。

框架既已穩固，該添進內容了。如何選取符合條件的撰寫對象，是編輯團隊的再次挑戰。我們又打開了「想像盒」……

「叮」的一聲，盒內跳出一個 "THINK" 的牌子，大家眼前一亮，「那不是 IBM 公司創始人湯姆士・華生的座右銘嗎？意思是要我們海闊天空的去想像，才能產生創意啊！」於是，話匣子打開了。

有人說：「我們每個人手裡都拿著手機，不需要長長的電話線連接，就能無遠弗屆的與人聯繫，但對有『無線電之父——馬可尼』之稱的這個聰明人，我們知道的並不多。」

有人說：「啊！有了，我們何不請最喜歡開飛機的聖修伯里帶大家到義大利去拜訪馬可尼呢？」

有人說：「馬可尼不是已經拍來電報，為我們安排好去巴黎看可可・香奈兒的時裝展示會了嗎？還要去倫敦聽約翰・藍儂的搖滾音樂演唱會哩！」

有人說：「我對時裝展示會沒有太大興趣，但是既然去了巴黎，我倒是很想去看看大文豪雨果筆下的聖母院，也許會碰見那個神祕的鐘樓怪人！」

有人說：「我希望去倫敦時，能走訪唐寧街十號，一睹英國第一位女首相，鐵娘子柴契爾夫人的丰采。」她輕輕咳嗽了一聲，接著說：「我的肺炎剛痊癒，是用了抗生素才治好的。聽說抗生素是英國

細菌學家弗萊明發現的，我也想順便彎去他在倫敦的實驗室參觀一下。」

有人附議：「那太好了，我可以在路邊書報攤買本英國大經濟學家凱因斯主編的《經濟期刊》來一讀。」

有人舉起手來，激動的說：「我原是個害羞沉默的人，自從去上了卡內基的人際關係課程後，才學到怎麼樣表達自己。我想說出我的心願，那就是去美國華盛頓的林肯紀念碑前，聆聽人權鬥士馬丁·路德·金恩博士精彩動人的演講〈我有一個夢想〉。再去附近的國會山莊，參加約翰·甘迺迪的就職典禮，聽他充滿領袖魅力的經典名言，『不要問國家能為你做些什麼，要問你能為國家做些什麼。』」

有人跟著說：「我是環保和人道主義的支持者。既然我們到了美國，我想去緬因州，到環保使者瑞秋·卡森收集海洋生物標本的海邊去走一走。也想去紐約的聯合國兒童基金會總部拜訪兒童親善大使奧黛麗·赫本。這兩位心靈和外表都美麗的女士，一直是我最崇敬的偶像。」

看到大家點頭同意，他急忙追加：「啊，如果還能去洋基球場觀看棒球巨星貝比·魯斯在球場啟用那天轟出的第一支全壘打，那我就太滿足了……」

編輯們彼此會心一笑，這是討論時常有的現象，抱著「想像盒」，天南地北，穿越時空。我們總嘗試以開放的思路，為「傳記」類型的叢書增添更多的新意。

這時一陣歡笑聲響起，原來是美國物理學家費曼為慶祝自己得到諾貝爾獎而開的派對。賓客中有許多知名之士，第一位登陸月球的太空人阿姆斯壯也在其中。聽說費曼正在調查挑戰者號太空梭故

障的原因，阿姆斯壯是他最好的太空顧問！費曼是位科學家，但他興趣廣泛，音樂、舞蹈樣樣精通。只見他隨著熱情洋溢的森巴舞曲，一面打著鼓，一面與現代舞創始人瑪莎‧葛蘭姆翩然起舞。

「別鬧了！費曼先生。」門口走進一位胖嘟嘟，面無表情的老頭，把大家嚇了一大跳！只見他拿起手上的擴音器說了一聲「卡」，啊啊，難道他就是那位驚悚片大導演希區考克？

他嚴肅的接著說：「受世人景仰的南非自由鬥士曼德拉先生剛剛辭世。請大家起立致敬。」

我們這趟「穿越之旅」中的二十位人物即將登場，希望他們的領航故事也能開啟小讀者心中的「想像盒」，將來或可成為另一個新領域中的領航人，傳承發揚人類的智慧和文明。

在此特別感謝為小讀者說故事的作者們，除了正文之外，他們都特別增寫了一篇數百字的「後記」，提綱挈領的道出各撰寫人物對世界的影響，提供小讀者更明確的閱讀指標。同樣也感謝繪製精彩畫面的插畫家們，為使圖文搭配相得益彰，不惜數易其稿。對編輯團隊能讓叢書順利的如期出版，我心存感激。對充滿使命感、長期為小讀者做出貢獻的三民書局，我致上最高的敬意。

對您，選擇讀這套叢書，我誠懇的說聲「謝謝」。有您的支持，讓我們有信心為小讀者打造更多優良讀物。

簡宛　　2013 年歲末寫於臺北

作者的話

　　清朝末年時，中國人被西方人諷刺為「東亞病夫」，在運動場上很難比得過高大的西洋人，就連我們鄰近的日本，無論在排球或棒球比賽，都比我們強很多。

　　半個世紀前，日本棒壇冒出一個華人的棒球好手——王貞治，他很快以強打贏得「三冠王」的頭銜，即全壘打、打擊率及打點全季都列第一，他那「稻草人」式的打擊英姿，風靡各地。王貞治雖是華人，卻是日本棒球界訓練出來的，他的成就，並不代表華人的運動表現。

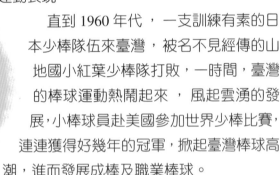

　　直到 1960 年代，一支訓練有素的日本少棒隊伍來臺灣，被名不見經傳的山地國小紅葉少棒隊打敗，一時間，臺灣的棒球運動熱鬧起來，風起雲湧的發展，小棒球員赴美國參加世界少棒比賽，連連獲得好幾年的冠軍，掀起臺灣棒球高潮，進而發展成棒及職業棒球。

　　臺灣的成棒人才濟濟，許多好手都相繼加入美國職業棒球隊。王建民是其中最有名的一位，他被紐約洋基隊網羅，擔任先發投手，我們稱他為「臺灣之光」。同時，他是以體育文化特殊貢獻，而獲得教育部頒發「一等教育文化獎章」的第一人，這是何等光榮！王貞治、王建民都是愛好棒球的青少年學習的榜樣。

　　一百多年前，中國有名的思想家梁啟超先生曾在〈少年中國說〉中寫下幾句話：「少年智，則國智，……少年強，則國強。」這些傑出的選手們憑著精湛的棒球技術，曾使臺灣在奧林匹克運動會中，大放異彩。

筆者的兒女在美國讀初、高中的時候，由於成績優異，每年均獲學校贈送職業棒球比賽的門票，故常全家前往觀看球賽。兒子也參加過好幾年少棒聯盟，與朋友一談起貝比・魯斯，大家耳熟能詳，都認為他是有史以來最佳的棒球員，許多球員從小就以他所創的紀錄作為追求的目標。希望小讀者讀了這本書，能對他有全面的認識。

成彥邦

　　中興大學化學系畢業，新墨西哥州立大學化工碩士，在石油工業界任工程師七年，後轉業行醫，是美國德州中醫界的先驅，三十年的行醫生涯，將中醫針灸醫術推廣到主流社會，使針灸在德州合法。暇時勤於寫作，闢有「杏林夜譚」、「政治笑話」等專欄，出版中國首冊《政治笑話》，此外尚有散文、短篇小說、極短篇小說，刊在報章雜誌，並以風趣幽默筆觸，創作「兒童極短篇」，啟發少年們的想像力。與陳紫薇合著《愛探險的帝王：亞歷山大》。

作者的話

　　從小就迷上《漫畫周刊》裡的〈小棒球王〉，主角小馬投球、擊球的英姿，加上那雙大眼睛，簡直酷斃了。中學的體育課，難得碰上打壘球的機會，就想一顯從漫畫學來的身手，可惜機會不多。大學四年級時，當選女子壘球校隊，參加大專盃比賽，不過我們球隊的實力薄弱，第一輪即遭淘汰，還好當時壘球風氣不盛，知道的人不多，否則可能被譏笑為「笑隊」。但是對棒球及壘球之熱愛始終未減，況且在校隊裡結交許多知心朋友，至今仍保持聯繫。

　　來到美國第二年 (1975)，看到精彩的波士頓紅襪隊對抗辛辛那提紅人隊的世界大賽，明明紅襪隊實力強，卻在第七場的最後一局輸給紅人隊。1980、90 年代至跨入 21 世紀，紅襪隊經常取得季後賽資格，卻始終與總冠軍無緣。

　　「貝比・魯斯魔咒」雖為無稽之談，但就像所有迷信，「信則有之，不信則無」。2004 年，紅襪隊又與洋基隊爭奪美聯冠軍，紅襪隊已連輸三場，背水一戰的第四場，我在電視機前看到午夜，紅襪隊奇蹟似的贏了，一鼓作氣再連贏三場，把洋基隊氣跑，接著在世界大賽中，又直落四打敗國聯的紅雀隊，奪得總冠軍。波士頓全城瘋狂，等待八十六年的冠軍盃終於到手，「破除貝比・魯斯魔咒」頓時成了各電視、電臺、報紙等新聞媒體的頭條消息。

　　貝比・魯斯究竟有沒有詛咒過紅襪隊？其實，答案並不重要。他二十二年的棒球生涯，的確構成美國棒壇最重要的一段歷史，並且引導棒球運動風靡全世界，其影響所及，沒有人比得上。

　　書寫期間，和一位美國友人貝蒂談起在寫這本書，沒想到她說她的祖父當年也是一位棒球好手，曾與貝比・魯斯一同效力紐約洋基隊。她提供了一些祖父說過的故事，更加證明我所搜集資料之真

實性；當年的棒球員以他們的運動技術，帶給人們無數歡笑及美好的回憶，一代一代傳下去。

棒球活動非常適合兒童，因為它著重團隊精神，希望貝比‧魯斯的故事能帶給小讀者啟發，使棒球與他的精神能成為每個孩子成長中的一環。

寫書的人

陳紫薇

政大外交系畢業，曾任外交官多年。因興趣廣泛，在辭去外交工作後，開始嘗試寫作，特別愛好將學習英語的心得，以深入淺出、幽默筆調寫出，與讀者分享。曾在電臺主持「薇笑說英語」節目，在報端闢有「讀報紙學英文」專欄，專欄內容包羅萬象，而以運動的篇幅為大宗。與成彥邦合著《愛探險的帝王：亞歷山大》。

擊出魔幻時刻

貝比・魯斯

目次

CONTENT

貝比·魯斯

1895〜1948

Babe Ruth

楔　子

　　早在 20 世紀初，棒球就已經是風靡全美國的
「全民運動」，當時有兩支最受歡迎、也是最會賺
錢的超人氣球隊，分別是波士頓紅襪隊與紐約洋
基隊。每次只要這兩支球隊對戰之際，球場絕對
是盛況空前，球迷們不只期待一場精彩的對決，
更迫不及待要見到心目中的「棒球之神」──紅
襪隊的貝比・魯斯。

　　不過就在 1919 年底，發生了一件震驚全美國
棒球迷的新聞。

　　「紅襪隊的貝比・魯斯要被賣給洋基隊了！」

　　「貝比・魯斯？他不是幫紅襪拿過三次總冠
軍嗎？怎麼可能！他們老闆一定是瘋了！」

　　「不！我想要貝比留在紅襪隊、留在波士頓

啊！難道貝比就要這樣離我們這些球迷而去嗎？」

「要是我的話一定很不甘心！」

說也奇怪，自從貝比‧魯斯離開波士頓那年開始，紅襪隊就再也沒拿過世界大賽總冠軍了。隨著球季年復一年的過去，紐約洋基隊得到二十多次總冠軍，而紅襪隊卻總是與總冠軍無緣。甚至有好幾次，眼看冠軍在望了，卻不料因微小的失誤，而與總冠軍擦身而過，似乎運氣總差那麼一點點。因此有人說，這一定是因為當年貝比對

紅襪隊下了詛咒，紅襪隊在一百年內都別想拿到冠軍盃。

直到 2004 年，紅襪隊在美聯錦標賽中碰上洋基隊。在七戰四勝制的賽事規則下，紅襪隊先連輸了三場，在這樣的劣勢下，竟然奇蹟似的連贏了隨後的四場，一舉奪得美聯冠軍，進軍世界大賽＊，最後風光的連勝四場，橫掃國聯的冠軍紅雀隊，贏得總冠軍！

長達八十六年的「魔咒」雖然終究是被打破了，但相信你一定很想知道貝比・魯斯是何方神聖！讓我們回到他的童年一探究竟吧……

＊**世界大賽**：美國職業棒球分為兩大聯盟：「美國聯盟」及「國家聯盟」。兩個聯盟分別在球季最末舉行錦標賽，勝出的兩隊便有資格進入世界大賽，爭奪總冠軍。

貝比・魯斯的成長

窮苦的童年

1895 年 2 月 6 日，貝比・魯斯出生在美國首都華盛頓附近的巴爾的摩市。這裡是一個相當繁榮的城市，有許多高樓，是有錢人居住和工作的中心地帶。它地處海邊，有港口，是船運重要的集散地。但在碼頭附近的街道、商店和房屋都比較簡陋老舊，一些收入較低的人們大多居住在這裡，形成一個貧民區。

這裡的大人們通常整天都要工作，沒有時間照顧家庭，孩子們就在街頭巷尾遊蕩。大街上隨時可以看到碼頭搬運工和水手，拿著酒瓶在街上

喝酒，還有倒臥在街角的醉漢。街巷裡總是充斥著吆喝聲和打鬧聲，十分凌亂。

　　貝比‧魯斯的本名叫喬治‧赫曼‧魯斯。他的父母是從歐洲遷來的第二代移民，父親幾乎沒做過一份穩定的職業，有時推銷避雷針，有時為公共汽車局打零工，收入非常微薄。後來在一家親戚開的酒吧裡當調酒師，才算是有了比較固定的工作。他母親的身體一向虛弱，又連續生了七個孩子，幾乎是貧病交迫。而七個兄弟姐妹中，只有他這個老二和一位妹妹活了下來，其他孩子都因病夭折了。

　　喬治‧魯斯出生後，長期寄養在外祖母家。外祖母家裡也窮兮兮的，常常三餐不繼，他餓得發慌時便溜到街上去，見到雜貨店裡的麵包、水果，就順手牽羊填飽肚子，常惹得老闆追著喊打。

　　喬治不愛上學讀書，不但時常躲到父親工作的酒吧裡睡懶覺，還會趁父親不注意時偷喝酒。甚至有一次，有個海員拍拍他的頭，和他開玩笑：

「嘿，小伙子，要不要來支雪茄菸？」於是，還不到七歲的小喬治就學起了抽雪茄、嚼菸絲。

聖瑪麗男子工業學校

　　喬治六、七歲的時候，個頭長得十分高大，喜歡混在比他年齡還大的孩子中玩耍。他們都是一群窮人家的小孩，因為買不起高檔的玩具，在街上打棒球便成了他們最大的樂趣。這群孩子找幾個目標當壘包，一個人投球，其他人輪流擊球，

有時候甚至沒有真正的球棒，隨便撿根長棍子就當球棒用，即使不依照規則來，也總是玩得很起勁。喬治力氣大，往往把球打得老遠，常常打破附近人家的玻璃窗，鄰居都對他頭痛不已。

這群頑皮的孩子在街上玩球，不時會阻礙到來往的車輛通行，他們經常逮到機會就向卡車扔偷來的雞蛋和番茄。這是喬治的拿手功夫，只要司機的車窗開著，他總能準確的砸中司機。

禍闖得多了，警察找上門來訓斥他，也警告他的父母要嚴格看管，但是喬治完全把警察的話當作耳邊風，繼續鬧事。終於有一天，兒童保護局的人員上門了。帶著法官的命令，強制喬治的父母將他送進一所特殊學校。

1902 年 6 月 13 日，在那個初夏的清晨，魯斯先生拎了一個小皮箱，帶著喬治搭電車離家。喬治從來沒坐過電車，非常

興奮，不斷的東張西望。他不知道爸爸要帶他去哪裡，也不敢問，只是不時的偷望爸爸。只見爸爸一臉凝重，嘴巴閉得緊緊的，沒露一點兒牙齒，兩道眉毛快皺成一條線了。

「爸爸在生誰的氣呢？還是為了什麼傷心呢？」小小年紀的喬治雖然感到疑惑，但窗外變化多端的景色立刻轉移了他的注意力。電車快速的駛向郊外，天地間豁然開闊起來。路旁是大片綠油油的草地，遠處有農舍和穀倉，還可以看到一些牛、馬。

父親手裡拿著一份報紙，心不在焉的翻著，一會兒嘀咕著：「差勁的金鶯隊＊昨天居然贏了一場比賽。」一會兒又把報紙握在手裡，當扇子般搧著，彷彿要驅散初夏的悶熱。

快到中午時分，電車在叮叮噹噹聲中開進了

＊金鶯隊：巴爾的摩的職業棒球隊。1902 年球季，在美國聯盟的八個球隊中，名列倒數第一。

一個大車站。魯斯先生牽著喬治下了車,來到一棟歐洲古典式的建築物前,只見高大又厚重的鐵門上有塊古老的牌子,上頭刻著「聖瑪麗男子工業學校」。父子倆推門而入後,有兩位穿著天主教修士袍的人前來招呼,他們接過魯斯先生手中的小皮箱,簡單的問了他一、兩句話,魯斯先生頻頻點頭,沒有多做交談就蹲下身子,對喬治說:「你跟這兩位先生去吧,今後你就住這兒。我還要趕緊回家照顧你媽媽。」說完轉身就走了。

喬治瞠目結舌,來不及弄明白是怎麼一回事,父親的背影已經消失在門外了。喬治用牙齒咬住厚厚的下嘴唇,抬頭望向高大、古典、雕著花的天花板,努力憋住不讓眼淚掉下來,接著無可奈何的跟著兩位修士走了。

聖瑪麗男子工業學校是在 19 世紀時由天主教會所創辦,校內的神父和修士們終生奉獻給教會,除了傳教以外,他們最大的任務就是教育。他們特別關懷貧窮地區孤苦無依的孩子,辦學校

也等於在辦孤兒院，既要負責教育也要負責撫養。

　　由於這所男校的規矩很嚴格，對學生的管教很有效果，當地的司法和教育單位，就委託這所學校收容輕度犯法的問題少年，並加以管訓，希望他們在正常而有紀律的環境中成長、鍛鍊身心，同時學習知識和技能。校內的學生往往不是孤兒就是受刑人，而喬治被送進來的時候，他的檔案裡，記載著他是個「無可救藥」的少年犯。

　　聖瑪麗男校裡的學生，年齡從五歲到二十一歲都有，待在學校裡的時間也各自不同。如果是孤苦無依的小孩，通常會待到成年畢業或被人領養，才離開學校；如果是接受管訓的不良少年，短期的可能一、兩個月後就被送回家，長期的可能要待到成年，也就是滿二十一歲以後，有了工作安排才能離開學校。

　　學校的經費並不充裕，許多事情都要自給自足，洗衣、打掃、種菜、烘焙麵包、洗碗、做飯、

修補破損的桌椅、做鞋子等等，
都得要學生自己動手做。學校的
伙食往往是麵包配濃湯；偶爾，
星期日的早餐可以享用
雞蛋和一小片火腿。

　　除了一般基本課
程，學生們還要再學習
一種實用技能，如木工、鍛造、廚藝、園藝、縫
紉、耕作等等，好在未來能順利謀得一份安穩的
工作。喬治學的是裁縫，他因此學會了縫製襯衫。
日後喬治進入職業棒球界，有一回球衣領口太
窄，他便自己動手裁衣修改。

亦師亦父的馬蒂亞斯修士

　　聖瑪麗男校是一所全白人的學校，校方很重
視學生的體能發展，經常舉辦體育活動，也成立
各種球隊。

　　有一位名叫馬蒂亞斯的修士，專門管理學生的紀律，也負責一些體育活動。馬蒂亞斯長得高大英俊，體格魁梧，是北歐人後裔，本著慈悲為懷的心胸，教育並幫助那些無人照顧的孩子，自己過著謙卑簡樸而有規律的生活。

　　當頑劣的喬治被送進這所學校，便因為皮膚稍黑以及厚厚的嘴唇，而遭到其他學生取笑，甚至被冠上「黑鬼」或「肥唇」的難聽綽號。喬治為此和人打了好幾次架，揹上了搗蛋滋事的惡名，於是神父便請馬蒂亞斯修士特別注意對喬治的管教。

　　馬蒂亞斯初次看到喬治就有一股說不出的喜

歡，覺得和他特別投緣。他想發掘喬治的潛能，常和他玩互接棒球的遊戲，發現喬治的臂力很強，可以把球擲得又遠又準。馬蒂亞斯就帶喬治到棒球場上，用各個方向的滾地球、高飛球測試喬治接球的反應。果然不出所料，喬治的反應敏捷，很有打棒球的天分，於是馬蒂亞斯就把他編入棒球隊裡。

在馬蒂亞斯的訓練之下，喬治開始改正自己的接球姿勢和守備動作，玩起棒球來逐漸得心應手。由於喬治的個子長得高大，八歲時就參加十二歲孩子的球隊，十二歲時已經進入十六歲的青少年棒球隊了，到了十六歲時他更成為全校十幾名菁英球員之一，常作為主將代表學校參加比賽，並時常獲勝。

馬蒂亞斯又訓練他擔任各個位置的守備，有時做一壘手或三壘手，有時將他調到外野，無論是左外野、右外野，或者是中外野，都讓他輪流嘗試。

「喬治，你在外野接到球之後，要儘快傳回內野。」

「知道了。」

偶爾馬蒂亞斯也會讓喬治擔任二壘手或游擊手，但是從沒讓他擔任過投手。

不過，喬治自己最喜歡的守備位置卻是捕手，他覺得當捕手最能發揮自己的長處。馬蒂亞斯經常叮嚀他：

「喬治，擔任捕手的時候要用暗號告訴投手，該投什麼樣的球、該三振對方或不讓他打出安打，總之，由你來主導比賽，你是全隊的靈魂，懂嗎？」

麻煩的是，喬治是個左撇子，必須用左手傳球，才能保持力道和準度，但當時沒有左撇子捕手用的右手接球手套＊，所以他只能使用左手接

＊**接球手套**：捕手接球用的手套是圓型的，與一般守備球員的手套不同。聖瑪麗男校的經費不充裕，有些球員連個手套都沒有，喬治能有一個已經不錯了。

球手套。喬治接到投手投過來的
球後，必須將球交到右手，
甩掉左手手套，再用左手把
球傳回給投手。如果壘上有
跑壘者，則接球、換手、甩
脫手套、傳球的四個動作，就得一

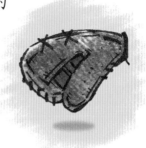

氣呵成。遇到對手盜壘的時候，他乾脆把手套扔
掉，用左手徒手接球，再馬上把球傳向守備的隊
友。喬治乾淨俐落的守備，經常能成功阻止盜壘，
對他而言，沒有什麼困難是無法克服的。

　　喬治打從心底佩服馬蒂亞斯，常不知不覺在
舉手投足間模仿他的動作，學他走路的樣子，或
拋起棒球單手揮棒的模樣。馬蒂亞斯也特別關心
喬治，尤其注重他的課業。喬治對學習很不用心，
總是不專心聽課，作業經常不交。馬蒂亞斯便在
課餘時間幫他補習，嚴格督促他讀書、寫字、做
算術，功課或縫紉的工作沒完成，就不准他去打
球，更不可以蹺課去打。

　　入校一個多月後，校方覺得喬治變得比較乖巧了，就讓他回家。結果不到四個月，父親又把喬治送回學校；聖誕節時喬治的父母搬家，他被接回家住了一年多，卻又因為行為不良被送回去。1908 年喬治的母親去世，他回家奔喪沒有多久就回到學校，父子倆幾乎無緣相處。這樣來來回回的情形，在 1914 年最後一次離校之前，總共有四次之多。

　　每次喬治離校，馬蒂亞斯都會鄭重其事的為他舉辦歡送會，為他能離開而高興，並鼓勵他在外做個守規矩的孩子。每次喬治被送回來，他也從來不追究原因，只默默為他在棒球隊裡安排一個位置，讓他能好好打球。馬蒂亞斯所給予的關心彌補了喬治缺乏的父愛，在喬治心裡，馬蒂亞斯就如同父親一般的存在著。

轉任投手

　　喬治十四、五歲的時候，已經是青少年棒球隊中很稱職的捕手。他在馬蒂亞斯的培育下，越來越喜歡玩棒球；不過，倒也沒想過要當一名職業棒球員。在學校裡，他仍然學做裁縫和簡易的記帳工作，也學些木工手藝，以便將來可以找個餬口的工作。

　　每年在當地都有不少校際間的棒球比賽，以增進青少年間的友誼。有一次聖瑪麗棒球隊與鄰近的中學比賽，那天不知怎麼了，投手從一開始就連連被擊出安打和全壘打，好不容易撐過兩局，換了投手還是擋不住對方的攻勢，比分越拉越大，接連換了兩個投手後情勢依然沒有好轉。

　　喬治有點兒不耐煩，嘴裡開始不乾不淨的吐出難聽的話，等到剩下的最後一位投手上場，情況更糟糕了，喬治突然覺得比賽變得十分荒謬，

不由得哈哈大笑起來，指著投手大聲喊：

「你看你投的是什麼球？保送，又是保送！」

過一會兒，他又喊：

「搞什麼名堂嘛？又是全壘打，好，好！打得好！」喬治乾脆脫下手套替對手拍手喝彩。

馬蒂亞斯看在眼裡，連忙叫暫停，走到捕手區，溫和的問喬治：

「你笑什麼呢？」語調聽不出有半點惱怒。

「您看那投手，要不保送人，要不被敲全壘打，腦漿都要被敲出來了，快笑破我的肚皮了！」

「那麼，你來投球吧！」馬蒂亞斯依然用很平穩的語氣說。

「我？您說笑呢！我哪會投球？」喬治停住了笑。

「哦，你會的，既然懂得批評你的朋友，一定知道怎麼投球。就你了！露一兩手給大家瞧瞧吧！」

　　馬蒂亞斯兩眼注視著喬治，沒有絲毫生氣的
樣子，但有股堅定且毫無商量餘地的氣勢。他把
手中的棒球遞給喬治，喬治知道他是認真的，只
得脫下捕手的裝備，戴上帽子，接過球，走向投
手丘。

　　他從來沒投過球，連投手丘上的踏板該怎麼
踏都不知道。硬著頭皮投了幾個練習球，球不是
從捕手頭頂飛過，就是投得太低，還沒到達本壘
板就觸地了；要不就是太偏左，修正過頭又太偏

右了，讓替補的捕手忙得東倒西歪。可憐的喬治因為嘲笑隊友，現在反而讓自己當眾出醜，才知道什麼叫自作自受。他咬緊牙關，沉住氣，努力使自己鎮定下來，琢磨該如何把球準確有力的投向好球帶。由於他個子高，力道強，球速極快，居然也三振了對方幾名球員，才結束了這場尷尬的球賽。

這場球賽改變了喬治的一生。在那之後，只要是棒球隊的練習，馬蒂亞斯便不讓喬治離開投手丘半步，不停督促他專注在投球上。喬治也覺得自己和投手丘之間有一種特殊的感情，每當站上投手丘，整個人就會異常興奮，投球變成順理成章的事，彷彿自己天生就該當一名投手。他擅長投快速球，這是他三振打者的利器。為了讓球路更有變化，他也學習怎麼投曲球。投曲球時，他習慣把舌頭捲起伸出嘴角——這個肢體動作，一直到他進入職業棒球界都不曾改掉。

喬治在聖瑪麗男校接受管訓的最後兩年，相

當於高二、高三的時候，成為棒球校隊最出色的投手，曾為學校贏得校際比賽的冠軍。他的快速球非常犀利，很少被擊出安打；曲球的速度則稍慢，但球路飄忽不定，非常詭異，常使打者揮棒落空。唯一令他不滿的是，按規定投手要每隔四天才能上場一次，所以當他不投球時，就會百般央求教練讓他上場代打，希望可以憑自己的擊球技術得分，為球隊取得勝利。

在一般少棒隊裡，擁有高擊球率的投手並非罕見的事，但到了成棒，能投球又是強棒的就相當少見了，而喬治正是這樣的一位奇才。

與鄧傑克簽約

1913 年底的冬天，學校的體育主任葛伯特修士打了通電話，對方是巴爾的摩職業棒球金鶯隊的老闆：「鄧傑克先生您好，我這裡有一位年輕人，很有投手的潛力，您有空能過來看看嗎？」

　　當時職業棒球隊對高中生是不屑一顧的，但
金鶯隊那年的成績實在太差，急需網羅新血，名
氣越來越響亮的聖瑪麗棒球隊便因此受到鄧傑克
老闆的關注，並請葛伯特幫忙留意新進好手。

　　隔年 2 月中旬一個寒冷的下午，鄧傑克突然
來訪，恰巧碰上喬治和他的捕手伙
伴在練習投球。葛伯特修士將
喬治介紹給鄧傑克，喬治和鄧
傑克先生握手時，不敢相信自
己居然能認識一位真正棒球界的
人，而且還是位職棒隊的大老闆！

　　鄧傑克和葛伯特、馬蒂亞斯還有負責校務的
保羅修士，在一旁觀看喬治投了一會兒球，覺得
有點兒意思了，他拿過捕手的手套，要喬治投球
給他。他一邊接球，一邊指點喬治投球的姿勢：

　　「手臂肌肉要放鬆，不要緊繃著；腰部的轉
動、跨步的落點都要控制好……」

　　練習了三十分鐘後，鄧傑克和修士們回到屋

裡去，過了半小時，他們把喬治叫進來。

「你願意跟我去打球嗎？」鄧傑克問喬治。

「好啊！什麼時候？」喬治天真的回答。

「別急，我們得先簽一份合約……」

「對不起，請等一下，」保羅修士打斷了鄧傑克的話，「喬治還要兩年才滿二十一歲，那時候才達到可以離開這裡的年齡。您要提前帶他離開，就必須當他的監護人，負起對他的所有責任，您做得到嗎？」

鄧傑克深深注視著喬治，決心要冒這個險。「沒問題。」他說：「有什麼文件，我簽字就是。」接著對喬治說：「至於你的薪水……」

「什麼？您……您是說，我……我去打球，還……還有錢可以拿？」喬治瞪大了眼睛，結結巴巴的問。

「是啊，這樣吧，今年這個球季呢，我付你六百……」鄧傑克慢條斯理的說。

「您是說六百『塊錢』？」喬治不敢相信自己

的耳朵，轉頭看向馬蒂亞斯，想從他最信賴的人那裡得到一點示意；這時候馬蒂亞斯卻正在和保羅討論事情，沒注意到他們。

鄧傑克又補上一句：「當然，如果你真的如葛伯特修士及其他教練所說的那麼有才能，我會很快給你加薪的。」

葛伯特修士這時很嚴肅的說：「喬治，這是一件大事，如果你簽下這份合約，你就是成人，不再是個孩子了。職業棒球是成人玩的，跟在學校裡打球是兩回事，你會發現天外有天，人外有人，金鶯隊裡的好手多著呢。而且，打六個月的球，鄧傑克先生付你六百元，差不多等於每週二十五元，你滿意嗎？」

每週二十五元美金！豈不是和天上掉下餡餅一樣嗎？還有什麼不滿意的？喬治心裡樂得暈頭轉向，腦袋倒是很慎重的思索著。他們很快簽好了合約，接著喬治就匆匆跑出去，迫不及待的把這個好消息分享給同學。

　　1914 年 2 月 27 日這天，喬治已經整理好行李，也和他要好的同學和修士們一一道別，準備跟前來接他的鄧傑克離開。當他邁出學校的大鐵門時，突然感到一陣茫然，不由得停住腳步，猶豫了一下。

　　「如果我做不到，怎麼辦？」他心裡想著，「會不會又被送回來？」

　　他忽然回頭跑向馬蒂亞斯修士，緊緊抱著他，修士用一貫溫和但堅定的語氣，在他耳邊輕聲說：「去吧，喬治！你行的！」

　　這天是喬治‧魯斯一生中最重要的轉捩點。聖瑪麗男子工業學校在他的檔案中記載最後一筆：「加盟巴爾的摩金鶯隊。」

02

菜鳥投手
「貝比」來了！

春訓初體驗

　　喬治與金鶯隊的老闆鄧傑克簽約之後，正好
職業棒球的春季集訓開始了。那年的喬治已經是
一位意氣風發、內心充滿期望的十九歲少年。金
鶯隊的春訓地點在阿肯色州的費亞鎮，要坐火車
才到得了。喬治頭一遭坐火車，他既興奮、又好
奇、又緊張。當他站在月臺上等車時，腦袋還是
樂得發暈，彷彿做夢一般。

　　搭火車的那一天，鄧傑克悄悄塞給喬治五元
美金，對喬治來說，這簡直是天文數字！他小心
翼翼的把鈔票折好，放進褲子口袋裡，還緊張的

確認口袋沒有破洞後才放心。

　　一同等車的還有好幾位老資格的球員，他們互拍肩膀、打招呼、聊天說笑，趾高氣昂的從喬治身邊走過，沒有一個人理睬他。但喬治並不在乎，只儘量掩飾自己青澀的模樣，怕被當作菜鳥取笑。

　　火車將要行駛一天一夜。「不知道未來的日子將會如何呢？」興奮的喬治躺在臥鋪上一邊想著，一邊研究掛在兩臥鋪間的網架是做什麼用的。

　　「喂！你是新來的吧？叫什麼名字來著？」這時，一位老將問他。

　　「呃，我叫喬治・魯斯。」

　　「打什麼位置？」

　　「投手。」喬治小心翼翼的回答，不想惹來麻煩。

　　「投手？真巧，我是捕手，咱們以後合作機會可多啦。告訴你，臥鋪旁那個網架，就是專門讓投手把手臂放在裡面休息用的。順帶一提，我

叫做伊根。」

喬治非常感謝老將的指點，於是把左手臂搭在那個網架裡，手臂扭曲懸掛著有些痠痛，但他不想顯露自己的幼稚，只好忍著一夜沒合眼直到天明。

第二天一大早，火車抵達費亞鎮，大伙兒下車住進旅館，喬治摸著左手臂，一臉疲憊的樣子，教練看見就問他怎麼了，他有點兒不好意思的據實以告。

「菜鳥，真是菜鳥！」教練啐了一聲，搖著頭走開了。

「吃早餐了！」大伙兒在旅館安頓好後，有人喊道。

喬治拿起菜單，用他有限的識字能力研究著，一邊盤算要怎麼省著用老闆給他的五塊錢。

「小老弟，隨便點吧，有人會替你付帳。」一位老將看出他的為難，拍拍他的肩膀告訴他。

「真的嗎？你是說，我不必付錢，可以免費

吃？」喬治瞪大雙眼，不敢相信的問，他怕又被人開一記玩笑。

「放心啦！這回不騙你！」那人笑嘻嘻的點點頭。

不一會兒，喬治就吃完三盤糖漿煎餅、三份火腿煎蛋，灌下兩大杯牛奶，撫摸著肚子，感到非常滿足。好幾位隊友驚奇的望著他，他若無其事的說：「吃飽了才有力氣打球啊！」

「話雖是這麼說……」鄧傑克剛好走過，半開玩笑半認真，笑嘻嘻的說：「不過，隊上還有二十七個人，好歹也留點兒給他們吃吧！」

喬治非但沒有不好意思，反而覺得漸漸和隊友們打成一片了。

喬治第一次練球時，鄧傑克牽著他的手到更衣室，換上制服，又領著他到投手練習區。

「看哪！老鄧牽著他的小貝比！」幾個老將指著他們，嘻嘻哈哈笑成一團。

從此，「貝比」成了喬治的綽號，每一個人都這麼叫他。

但是，這個「貝比」可一點兒都不在乎，因為穿上金鶯隊的制服，他覺得無比光榮。短短幾天內，他的生命中出現了太多的「第一次」：第一次坐火車、第一次離開巴爾的摩、第一次手上捏著五塊錢、第一次盡情吃早餐、第一次穿上職棒制服……。他不斷的回味著，這不是在做夢吧？

第一支全壘打

來到費亞鎮的貝比・魯斯開始了嶄新的生活，他總是在每天早上五點鐘起床，跑步到火車站，看一會兒來來往往、「嗚——嗚——嗚——」開進開出的火車，然後跑步回旅館，當作暖身運動。並趕在餐廳開門時，第一個進去用餐。

　　練了幾天球後，有一天鄧傑克將隊員分成兩組，要進行一場正式的比賽。貝比被分到老鷹組，另一隊是麻雀組。擔任投手的貝比先三振了對方一人。輪他上場打擊時，對方投手投出一個又快又直的好球，貝比奮力扭轉上半身，幾乎要背對著球了，然後在球棒碰到球的瞬間，用盡全力揮棒。只聽「鏗！」的一聲，球向右外野方向飛去，大家的視線全跟著這顆球，腦袋轉了一個大弧度，震驚的下巴都快要掉到地上了。最後球飛過圍籬落在球場外的玉米田裡；據說這記球飛行了至少三百五十英尺，是貝比在職業球員生涯中的第一支全壘打。

　　「好傢伙！這個小『貝比』可不是個小娃兒，不能小看了他喲！」有人這麼咕噥著。

　　一名投手，而且是個菜鳥投手，居然能擊出這麼遠的全壘打，實在太少見了，貝比的表現讓鄧傑克吞了一顆定心丸。

● ☆ ● ☆ ● ☆ ●

　　作為投手，必須對對手的打擊群瞭若指掌，通常會由教練先調查清楚，以便在場上做出應對。當時費城運動家隊*有位強棒，名叫法蘭克，經常一個球季就能打出八到十二支的全壘打，被譽為全壘打王。

　　貝比在春訓的季前賽就遇上了運動家隊，金鶯的投手教練為貝比做了賽前教戰，要他當心對方的強打者法蘭克。貝比心不在焉，左耳聽了右耳出。到了球場上，他使出自己的殺手鐧，不只三振了法蘭克，更讓運動家隊的第二號強棒連球都碰不到。金鶯隊輕易的贏了運動家隊，初露鋒芒的貝比也因此受到媒體的高度關注。

　　不幸的是，貝比漸漸被老球員們排擠，因為他們沒料到貝比進步得如此神速，嫉妒了起來。原本還鬧著開玩笑，後來也逐漸以冷言冷語相待。只有那次在火車上和他惡作劇的捕手伊根，反而成了他的好朋友，當別人的玩笑開得過分

時，他會挺身而出替貝比解圍。身為投手的貝比，平時不太容易有練習擊球＊的機會，必須等到所有人都練習完畢了，才輪得到他，而有時伊根會騰出自己的擊球時間，好讓貝比有機會練習。

有一場對水牛隊的比賽，由貝比主投。儘管水牛隊的好手雲集，貝比投完全場依然沒讓對方得到任何一分，比賽結果六比零，金鶯啄垮水牛。

鄧傑克樂翻了，拍著他的肩膀笑說：「小伙子，你如果一直這樣投球，沒人能擋住你的棒球路！」

邊說邊付給他第一個月的薪水：一百元美金。貝比拿到錢後，第一件事就是去買了一輛腳踏車，一圓兒時的夢想。

一個月後，鄧傑克將他的薪水加了一倍，兩

＊**費城運動家隊**：成軍於 1901 年，是美聯大聯盟球隊，經二度遷移以及更名，即為目前的奧克蘭運動家隊。

＊**練習擊球**：現今美國聯盟棒球隊的投手並不需上場打擊，而是由「指定打擊」替代。這是從 1973 年起改的規則，在這之前，美聯的投手都要上場打擊，但是一般都不重視投手的擊球表現，甚至要他們放棄練習打擊。

個月後，又加薪至三百元美金。這期間，他主投的球賽全都是勝投，而且他的打擊率不比一般的打者低，可以說是既可投又可打的天才棒球員！

　　可惜球季進行到一半的時候，金鶯隊的球賽票房收入越來越差，球隊無法繼續經營下去，鄧傑克不得不把隊中好手以高價賣給別隊。那年7月8日，鄧傑克以兩千五百美元的代價，將貝比轉賣給波士頓紅襪隊，從此開啟了貝比在職業棒球生涯中，一段相當重要的里程。

　　當時的貝比也許壓根都沒想過，自己將為紅襪隊摘下三次世界大賽的總冠軍。

03

加盟波士頓紅襪隊

蹲在小聯盟磨練

　　1914 年，球季進行中時，貝比・魯斯向波士頓的紅襪隊報到，紅襪隊的老闆藍寧和他簽了一份年薪兩千五百元美金的合約，也就是貝比每個月可以領到四百多元美金的薪水，他樂翻了！

　　紅襪隊是支相當有實力的隊伍，成軍沒多久就得到大聯盟的總冠軍。貝比加入時，紅襪隊在美國聯盟的排名第二，但遠遠落後排名第一的運動家隊。貝比躍躍欲試，很想有一番好的表現，幫助紅襪隊趕上運動家隊。但他畢竟是個菜鳥，處處受到老球員的白眼。他在金鶯隊的亮眼表

現，傳到紅襪隊的老將耳裡，讓他們很不是滋味，因此盡其所能的排擠貝比，尤其對他堅持要練習打擊這件事，感到非常不滿。

「你只不過是個投手，幹嘛跟我們搶著練打擊啊？不浪費時間嗎？」

「雖然我四天才上場一次，但也會輪到打擊啊，我不想要拖垮隊伍的得分攻勢，我要有所貢獻！」貝比理直氣壯的反駁。

倔強的貝比變成老球員的眼中釘，有一天他到練習場，發現他所有的球棒都被人故意鋸成了兩半，他默不作聲又去弄了幾根來，照常練習打擊。

7月11日，貝比首次登板擔任紅襪隊的先發投手，對手是克里夫蘭的納普隊＊。貝比果然不負眾望的展

現他優異的投球能力，成功壓制對手，最後紅襪隊以四比三贏球。貝比初試身手就摘下勝投，心裡開心得不得了。

在這場比賽中，貝比對納普隊的明星球員喬‧傑克森*印象最深刻。他仔細研究了傑克森的打擊動作後，發現他轉身和揮棒的姿勢跟自己很像，於是更增加了自己的打擊信心。貝比在比賽中努力學習別人的長處，正是日後球技越來越成熟的原因。

在紅襪隊的第一個月，貝比主投了五場比賽，共拿下兩場勝利；十次上場打擊，擊出了兩支安打，其中一支是二壘安打，成績相當不錯。

球季進入尾聲，眼見紅襪隊已經無法追上運動家隊，於是貝比被暫時下放到紅襪隊的二軍普

＊克里夫蘭納普隊：成軍於 19 世紀末，隊史悠久，多次更換隊名，是目前印地安人隊的前身。

＊喬‧傑克森：以綽號「無鞋喬」聞名，是 20 世紀初期美國棒球界的強棒外野手，後來因為牽涉到黑襪事件（見第四章的「棒壇救世主」一節），遭到終身禁賽，黯然退休。

羅維登隊。當時普羅維登隊在
小聯盟裡有機會得到季賽冠
軍，而貝比的加入更讓他們如
虎添翼。那年貝比總共拿下二
十勝八敗，勝投率超出球團老
闆、經理、教練、評論家以及媒
體的估計；此外，他的打擊表現也很引人注目，
多為具有殺傷力的安打。普羅維登隊因此奪得了
當年的小聯盟總冠軍。

　　這期間，投手教練唐納文給了他很多指導，
唐納文的投球經驗豐富，也非常有耐心教導貝
比，讓他清楚投手的責任。

　　「貝比啊，我知道你喜歡三振對方，很過癮
是吧？對你來說，累積三振數可以製造你的個人
紀錄，但對整場比賽而言，也就是一個人出局而
已。你要知道，你背後還有八位隊友支持你，就
算你讓打者擊中球，靠著內野手或外野手的守
備，同樣可以使對手出局。你應該信任你的隊友，

比賽時彼此合作無間，才能取得勝利，這樣的投手更有價值。」貝比聽了大有感悟。

「再說，我以前也討厭打者站得離本壘板太近，常使出全力，唰的把球從他胸前掃過，逼他往後退。但這樣非常傷手臂，你的手臂是你最要好的朋友，對待手臂就像對待最要好的朋友一樣，你不希望他受傷吧？」

貝比在小聯盟時的隊友梅司，是一位凌厲的投手，隔年兩人一同調升為紅襪隊的先發投手。貝比承認梅司技高一籌，可惜梅司有一次在比賽中，用球擊中一名打者的頭部，最後那名打者不幸身亡。儘管梅司是一位實力堅強的投手，擁有相當傲人的紀錄，但他的名字卻永遠跟這場不幸的事件牽連在一塊，他的棒球生涯因此留下了汙點。

正式成為紅襪先發

　　貝比滿二十歲那年，正式升上大聯盟。老闆藍寧跟他簽訂了三千五百元美金的新合約。貝比回想自己在七歲那年，被送進聖瑪麗男校接受管訓，如今可以在外自由翱翔，盡情發揮；如果一直留在聖瑪麗，現在可能整天在屋裡做裁縫，怎麼能在職業棒球場上大顯身手呢？現在這樣的心情、這樣的人生，簡直像在天堂一樣。

　　但其實貝比依然時時懷念母校的修士們，尤其懷念馬蒂亞斯給予他如父親般的關懷，如果不是經過了那些磨練，哪裡有現在美好的日子？他雖然對眼前的成就有些得意，但依然不敢懈怠，面對每一次挑戰都全力以赴。

　　貝比隨著紅襪隊征戰各個有職棒球隊的大都市，紐約是最令他感到著迷的城市。每當踏入這個花花都會的球場，貝比就覺得技癢。他的偶像

傑克森，曾在紐約敲出一記飛越右外野圍牆，落到場外的全壘打，所以只要他上場打擊，就會忍不住對右外野的圍牆瞥上兩眼，想著自己也要來敲上一支。

終於有一回機會來了，投手投給他一個快速直球。

「這球看起來又肥又大，我如果加把勁兒，說不定……」他腦中飛快轉著念頭，同時兩臂使勁一揮，球應聲向右外野的露天座位飛去。雖然沒有像傑克森的球一樣飛出場外，但確確實實是支全壘打。這是他升上大聯盟後的第一支全壘打，貝比異常興奮。但這一球在當時並沒有引起

太多的注意，因為一般人對於投手偶爾敲出一支全壘打，都認為只是瞎貓碰上死老鼠，湊巧矇上的，隊友們也覺得這沒什麼了不起；而當時貝比也只把重心放在投球上，覺得能夠敲出全壘打蠻有趣的，並不以為意。

● ☆ ● ☆ ● ☆ ●

1915 年，紅襪隊和底特律老虎隊為了爭奪美國聯盟冠軍，拚得你死我活，最後紅襪隊勝出，取得了進入世界大賽的門票，並確定將出戰費城人隊。

「費城人？怎麼可能？」世界大賽參賽隊伍的消息一傳來，紅襪隊的一些老將們搔著腦袋瓜大感不解，因為當時的費城人隊實力並不堅強。

紅襪隊經理凱瑞根召集全體球員訓話：「大家都以為費城人隊的實力無法跟我們比，其實他們訓練有素、防守嚴密、非常頑強難纏，尤其有一位勝場數和失分率都相當出色的王牌投手，如果派他出場，你們就要小心了，絕對不要讓費城

人隊先馳得點，否則他們就贏定了，我們千萬不可以輕敵。」

第一場費城人隊果然派出王牌投手，紅襪隊不敵，以三比一敗下陣；幸好接下來紅襪隊連贏四場，奪得總冠軍。貝比好不容易盼來世界大賽，每天搶著看凱瑞根經理排出的投手陣容，但始終沒見到他的名字。不管他如何苦苦哀求，凱瑞根毫不理會，最後只派他代打了一次，讓他多少體會一下站在世界大賽場上的滋味。事後凱瑞根告訴他，原定要讓他投第六場比賽的，可惜沒這個必要了。

進軍世界大賽

此後的兩年，貝比在紅襪隊擔任投手的表現越來越好，兩季各贏了二十三場，而且失分極低。他的低失分率是全聯盟的最佳紀錄，和另一位隊友並列為

紅襪隊的王牌投手。

有棒球評論家批評貝比不是在「投」球，而是一味用力「丟」球，只是儘可能把打者三振出局而已，而且經常不理會捕手配球的手勢；貝比聽了並不想多做辯白。其實，凱瑞根經理有時會兼任捕手，他熱愛研究每位打者的揮棒方式、習慣和偏好的球路，而且全都記得清清楚楚，甚至連打者的臨場心態都能摸透。比賽時無論凱瑞根是在場邊休息區指揮，或是蹲在本壘後作捕手，都由他決定每一球的投法。

貝比非常佩服凱瑞根，「不聽他的指揮？不可能！」這是他對評論家的答覆。

1916 年的球季尚未開始，紅襪隊就遭受重大打擊。多年來一直是隊裡重要的強棒，且守備極佳的中外野手史畢克，因為不滿老闆把他的薪水減半，憤而轉到克里夫蘭，引起紅襪隊員一陣恐慌。就在大家頗為沮喪之際，凱瑞根鄭重召集全體隊員談話，鼓舞大家的士氣：

「好啦！別垂頭喪氣，沒了史畢克，我們還是一支很強的隊伍，我們有超級投手群、訓練有素的防守、打擊也不差，大家別洩氣，打起精神來，還是有希望再得一面美聯錦旗，進軍世界大賽。」

凱瑞根絲毫不因為失去大將而放棄希望，使貝比想起馬蒂亞斯修士也從不放棄對他的期望。他馬上收拾起沮喪的心情，努力練習。

曾有一場比賽發生驚心動魄的局面。紅襪隊迎戰底特律老虎隊，對方在無人出局且滿壘的情況下輪到中心打線上場，但貝比接連三振名將泰‧柯布＊及另一位強棒，解除危機。從此，「強力投手」貝比‧魯斯之名在棒球界傳開。

接下來的一年，紅襪隊在凱瑞根沉著的指揮之下，再度獲得美聯冠軍，取得世界大賽的衛冕權。這一次，他們的挑戰者是紐約布魯克林的知更鳥隊＊。

　　紅襪隊贏了第一場比賽，貝比主投第二場。
比賽一開始立刻就因為失誤而奉送對方一分，但
貝比沒有因此氣餒，仍舊沉著應戰。第三局輪到
貝比上場打擊時，他立刻建功，為球隊攻下一分。

　　接下來比賽陷入投手的鏖戰，九局下結束時
仍然一比一平手，最後延長賽甚至打到了第十四
局下半。此時夜幕已低垂，輪到紅襪隊打擊，在
一人出局二壘上有人的情況下，凱瑞根派出代跑
和代打，只聽見「鏗！」的一聲，是一支左外野
安打！二壘上的代跑者飛快的繞過三壘，並跑回
本壘得分，比賽結束，比數二比一，紅襪打敗知
更鳥，投了十三局無失分的貝比拿到生涯中第一
個世界大賽勝投！他簡直樂不可支，如此戲劇化

＊泰・柯布：比貝比稍早幾年加入職棒，馳騁棒球界二十四年，先後效力
　　於底特律老虎隊及費城運動家隊，創下無數紀錄，與貝比經常交手，兩
　　人亦敵亦友，並同時入選首屆棒球名人堂。

＊布魯克林知更鳥隊：是在 19 世紀末就成立的早期國聯球隊，1916 年、
　　1920 年兩度進軍世界大賽，均不幸敗北。後來改名為道奇隊，於 1958 年
　　遷移到洛杉磯，成為今日的洛杉磯道奇隊。

且完美的比賽結果，令他感覺自己攀上了世界巔峰。最後紅襪隊以五戰四勝再度稱王世界大賽。

但好景不常，比賽結束後不久，凱瑞根就辭職了，這讓貝比感到悵然若失。凱瑞根的指導讓貝比快速成為一名優秀球員，貝比尊敬身為沙場老將的凱瑞根，並經常請他指點迷津。凱瑞根的離去，讓他頓時失去可以信賴的人。

凱瑞根走了之後，紅襪隊請來一位鐵腕經理巴洛。那時每四場比賽，貝比才能作為先發投手，同時上場打擊。

有一天，巴洛把貝比叫到辦公室，天南地北的聊了一陣後，巴洛忽然把話題一轉：

「我說，貝比啊，你願不願意試試看外野手的角色？這樣你可以多些上場打擊的機會，你考慮一下……」

「不必考慮，我願意！」貝比不等巴洛把話講完，趕緊答應，生怕巴洛反悔。

從此，只要紅襪隊的對手派出右投手，貝比

的名字就會登上先發打序表，守備位置是左外野。外界聽聞後不禁譁然，甚至有媒體嘲笑：

「什麼？貝比‧魯斯是外野手？我敢打賭他會被高飛球砸得滿頭包，嘿嘿！」

他們並不知道，貝比曾在學生時代受過接傳高飛球的嚴苛訓練，他的防守幾乎是滴水不漏。果然打了幾場比賽後，就沒人敢把球打向左外野了，就算擊出安打也不敢冒險向前多跑一壘，因為貝比傳球的速度太快了，極可能被觸殺出局。

隨著打擊次數越多，貝比的眼力越來越好，漸漸的他獲得「故意四壞球保送*」的次數增加。而他跑壘的速度很快，盜壘的技術也不差，投手只要碰到貝比就覺得進退兩難，視他為夢魘。這一年，他的打擊得到了很好的成績，更與另一名球員並列全壘打王。

---

*故意四壞球保送：為棒球比賽中的策略運用。投手遇到強打者時，為了避免讓他擊出安打或全壘打得分，會給他很明顯的四壞球，保送他到一壘。

很快來到世界大賽開打之際，紅襪隊將迎戰小熊隊。

在第一場比賽的前一晚，巴洛找了貝比密談：「貝比啊，今年委屈你了，因為多了打擊和防守左外野的工作，讓你比較少擔任先發投手，只有二十場吧？」

「對！十三勝七敗。」貝比回答。

「你知道，梅司有二十一勝，被視為我們的王牌。小熊隊那個精明的經理，一定以為我會派他掛頭陣，而我猜他會派出他們的左撇子大投手，來剋你這左打的強棒。明天你偷偷去暖身準備投球，我要臨時換你為投手，嚇得他們措手不及。」

這一招果然管用，小熊隊原本用來對付梅司的左手打擊陣容，在貝比強大的左投威力下，只零星擊出六支安打。紅襪隊則在第四局得到一分，

加上貝比獨撐九局無
失分，期間兩度遇到
危機也都成功化解。
最後比數一比零，貝
比在世界大賽中又
拿下了勝投，且連同
1916 年馬拉松式的十

三局無失分 ， 共有連續二十二局比賽讓對方掛
零，非常不容易。

　　第四場比賽，仍由貝比主投。比賽進行到第
四局下半，紅襪隊有兩人出局、兩人在壘上，輪
到貝比打擊。巴洛在他的耳邊面授機宜：

　　「假如他們讓你打，選個好球幫你自己一個
大忙。」

　　觀眾席中也有球迷大喊：

　　「貝比，把球轟出去！」

　　結果貝比選到一個高度相當理想的好球，他
奮力擊出一支深遠的安打，護送兩名隊友跑回本

壘得分。第八局時貝比不慎失分，但下半局紅襪隊又再度超前，巴洛趕緊換上救援投手，最後終於成功守住勝利，貝比不僅再添勝投。更創下世界大賽連續二十九局無失分的紀錄。

　　這年紅襪隊以四勝兩敗的成績擊敗小熊隊，是成軍十八年來第五度稱王。光是在貝比效力的四年間，紅襪隊就拿了三次世界大賽總冠軍，貝比可說是功不可沒。

刷新全壘打紀錄

　　貝比持續擔任投手兼左外野手。當時他在春訓時擊出一支遠遠飛出全壘打牆、約五百英尺遠的球，媒體及球評開始揣測，如果他每天都上場打擊，不知道一個球季能轟出多少支全壘打？但也有人故意唱反調，說他會擊出一百次雙殺球*。貝比不想做任何回應，他用出色的安打率駁斥了這種說法。

一個月下來，貝比每四場就主投一場，不投球時便擔任左外野手，開始感到有點吃不消了。於是巴洛要他在投手與打擊之間做個選擇。「我喜歡擊球！」貝比毫不猶豫的回答。從此他開始專心當個打者。

6、7月間天氣漸熱，貝比手中的球棒也火熱起來了，他很快超過 1902 年美聯單季十六支全壘打的紀錄，人們紛紛議論他能不能打破大聯盟 1884 年的二十七支全壘打紀錄。

果然就在 9 月 20 日這天，貝比追平了這項紀錄！棒球界和球迷們歡欣鼓舞，大家送上各式各樣的獎品和祝賀。當年度球季結束時，貝比交出了二十九支全壘打的成績，成了前所未聞的驚人之舉。

＊雙殺球：棒球比賽中出現雙殺球的情況很多。最典型的是，有球員上了一壘後，打擊者擊出內野滾地球，使內野手接球後能迅速傳向二壘守備員，先封殺從一壘跑來的球員後，二壘守備員再迅速傳向一壘守備員，封殺打擊者，共計讓二人出局。雙殺球會使球隊攻勢遭受一大挫折，好球員應儘量避免打出雙殺球。

只可惜，貝比雖然寫下個人優異紀錄，但紅襪隊的成績卻一落千丈。當時隊中內外野守備頻頻失誤，惹得王牌投手梅司十分不滿。有一次，梅司覺得隊友沒有盡力防守，憤而離場，巴洛叫球童去更衣室請他回來，這時梅司已經盥洗完畢，他大聲喊：「告訴經理我去釣魚了！」從此就再也沒見過他出現在隊上。

作為一名投手，貝比對梅司的挫折頗能感同身受。他認為一個球隊必須團結作戰才能成功，否則縱使有明星球員也發揮不了什麼作用。

　　不過，貝比自己也是個會讓經理頭痛的人物。在外地比賽時，他常常晚上出去遊玩，半夜三更都還不回旅館休息。有次中午要比賽，他直到清晨六點才回到旅館，正想假裝睡覺就被巴洛逮個正著，當眾數落了他一頓。貝比走進球場更衣室後越想越生氣，於是大聲罵巴洛：「你這傢伙，下次再敢隨便闖進我的房間，就當心點！」

　　巴洛看了貝比一眼，以很平靜的口氣對其他人說：「你們換好制服就出去練習，貝比和我留在這裡，今天我要和這小子比劃比劃，解決一些問題。」

　　「經理，你別跟他打架，你打不過他的。」有些球員在離去時勸告。那時，貝比二十四歲，身強力壯，還有人曾經用錢誘惑他去打拳擊賽；而巴洛已經五十歲，又老又矮小。

　　貝比換好衣服，氣也消了，沒事似的到場上練球。過一會兒，先發打序表出來了，上面沒有他的名字，貝比嘻皮笑臉的問巴洛：「經理，怎麼

沒我的名字？」

「無限期禁賽，解禁時間靜待通知。」巴洛面無表情的回答。「現在，你不能待在休息區，請回更衣室把制服脫下。」

這下子貝比知道事態嚴重了，他非常後悔出言不遜。從前馬蒂亞斯修士教他尊師重道的畫面，在他腦海中浮現。回波士頓後，他馬上到巴洛的辦公室。

「經理，我可不可以跟您說話？」貝比禮貌的問。

「當然可以，進來啊！」

「今天發生的事，我很抱歉。」

「你是該抱歉。」

「我也不知道怎麼回事，總覺得有人要對付我，一股無名火就冒出來了。」

「有我在，沒人敢對付你，但你不能那樣罵人啊！」

「我知道，我錯了。」

「怎麼會這樣呢？你的爸爸媽媽是怎麼教你的？」

一句話勾起貝比童年的傷痛，他把自己的家庭、以及曾經在碼頭打架鬧事、被送去管訓等過往，一五一十告訴巴洛，也談起聖瑪麗男校的修士們曾經給他許多幫助。

「真沒想到你小時候的日子過得這麼艱苦，我很同情，但是，你難道不想好好改正品行、成為有修養的人嗎？」

「當然想！」

「那從今以後，你要遵守球隊的規定，要有固定的作息時間表。」

貝比確實有副火爆脾氣，一爆發就不可收拾，但每每在闖禍後又後悔莫及。這幾年他念念不忘聖瑪麗男校的種種往事，和修士們及老同學都保持聯繫。他知道馬蒂亞斯和葛伯特都很喜歡棒球，也隨時注意著自己在球壇的動態。

　　他特別感謝馬蒂亞斯當年說服他別作捕手，改練投手，讓他在大聯盟裡能很快出人頭地。當他第一次贏得世界大賽的勝投時，馬蒂亞斯特地寄賀卡給他，寫著：「太棒了！喬治，我為你感到驕傲。」

　　貝比對聖瑪麗男校充滿感恩，時常捐款給學校，幫助貧窮的孩子。他覺得兒童天真無邪，和他有特殊的心靈感應。現在他是知名的球員了，時常有孩子們圍繞著他，找他簽名，只要和小孩子在一起，貝比就覺得很自然、很輕鬆。他曾說，這個國家裡沒有什麼比兒童更重要的了。

棒球生涯的輝煌年代

棒壇救世主

　　貝比在紅襪隊的最後一年，與老闆弗瑞茲相處得不太愉快，因此弗瑞茲千方百計想把他交易到別的球隊。雖然巴洛極力勸阻，但弗瑞茲還是不為所動，他因為個人的財務困難，交易貝比已經是勢在必行了。

　　可是，能接受紅襪隊交易條件的球隊不多，最後貝比被賣給了紐約洋基隊。至於弗瑞茲究竟開出了多少價碼，眾說紛紜，只知道以當時球員的薪水來說，是個天文數字。

　　那時貝比剛締造驚人的單季二十九支全壘打

紀錄，各方對他的評價不一，有人說這已是人體極限，不可能再出現更高紀錄了；有人說，他打球的姿勢與眾不同，轟出長球輕鬆得很，說不定會繼續創新紀錄。紐約洋基隊的兩位合夥老闆，顯然看準了貝比的潛力，認為他將成為洋基的搖錢樹。

洋基隊當時已經成軍十五年，成績一直很差，在美國聯盟經常敬陪末座。幸運的是，兩位軍人出身的合夥人，陸軍上校魯伯特及海軍艦長赫斯頓，及時接手洋基隊。他們志趣相投，捨得花高價網羅各方名將和頂級教練，重新整頓球隊，以嶄新的面貌再出發。

巴洛親自將交易的消息告訴貝比，貝比很失望：「為什麼？為什麼要把我送到紐約？我愛波士頓，球迷也喜歡我，我已經把這裡當成家了。真捨不得！不過沒關係，沒什麼事會難倒我的，咬咬牙、忍一忍，我又是條好漢。繼續看吧，紅襪的球迷們可損失大了。」

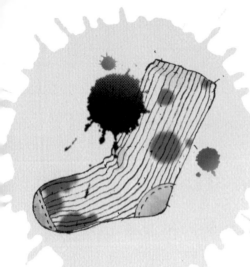

　　貝比很快開始為加盟洋基隊的事做準備。

　　不幸的是，去年的總冠軍賽，芝加哥白襪隊有球員作弊，發生打假球的醜聞＊，黑社會涉入簽賭，讓全國球迷們為之震驚，感到非常失望。許多人一談起棒球，便捏著鼻子，唯恐沾到棒球的薰天臭氣；大人們告誡小孩不要參加棒球活動，也不要跟棒球員接觸，生怕染上惡習；球迷對棒球的反感大大影響了比賽票房，職棒圈頓時陷入一片低迷。貝比看到這個情況，非常著急，為了讓球迷重回球場觀看比賽，他向媒體放出豪語，這一季要轟出五十支全壘打！

「不可能！」大家紛紛嚷嚷，「他吹牛，這可能又是一場騙局。」

整整一年，棒球活動都在醜聞的籠罩下進行，貝比的表現卻沒有因此失色，反而更加亮眼。隨著貝比轟出一支又一支的全壘打，洋基隊也相繼得到許多場勝利！球迷們逐漸相信他不是在說大話，開始蜂擁至球場看他打球。球隊在外地比賽時，貝比在每一個大聯盟球場都至少轟出一支全壘打，這一點，沒有其他球員做得到。因此只要洋基隊來踢館，就會看見球場座無虛席，各地的球迷全都想一睹貝比打球的丰采。

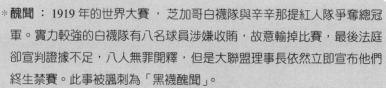

＊醜聞：1919 年的世界大賽，芝加哥白襪隊與辛辛那提紅人隊爭奪總冠軍。實力較強的白襪隊有八名球員涉嫌收賄，故意輸掉比賽，最後法庭卻宣判證據不足，八人無罪開釋，但是大聯盟理事長依然立即宣布他們終生禁賽。此事被諷刺為「黑襪醜聞」。

　　那年球季，貝比竟然轟出了五十四支全壘打！球迷們興奮的喊：「貝比信守諾言！他沒有騙我們！沒有讓我們失望！」超出貝比預言的五十四支全壘打，把棒球界的負面形象扭轉回來了。

　　在貝比刷新全壘打紀錄之前的幾十年來，棒球一直是重視守備勝過進攻的運動。球隊首重投手的訓練，以強大的投手壓制打者或使對手無法得分，其餘的球員則務必做到滴水不漏的防守；進攻時，只要能拿到兩、三分就有機會獲勝，甚至一分也足以贏球。因此往往都是以低得分結束比賽。

　　但貝比在那一年的驚人表現，神奇的改變了職棒生態。尤其有隊友在壘上時，一記長打就能立刻扭轉勝負。於是許多原本就打得不錯的球員，紛紛開始苦練全壘打，有些人甚至開始模仿貝比擊球的姿勢。高得分的比賽接二連三出現，賽況更是高潮迭起，球迷們被一支支的全壘打震撼，場上總是歡聲雷動。

　　貝比認為作為一名棒球員，每場比賽都應該要拿出看家本領，盡力獲勝，才對得起進場觀看比賽的球迷，尤其對於那些容易崇拜英雄球員的兒童們，更不能辜負他們幼小心靈的期望。

　　貝比手中的球棒，不僅一再創下全壘打紀錄，更扭轉了美國棒球界的命運。

洋基場內外二三事

　　在洋基隊效勞長達十五年的貝比，除了在球場上屢次締造佳績之外，球場外的他也曾經發生不少值得一提的軼事。

　　有一次在美國南方的一個小城，同屬紐約的巨人隊與洋基隊進行熱身賽時，貝比擊出一記球，球越過右外野圍牆，一直往外飛，沒人看到球落在哪裡。一年後，巨人隊又在同一個球場練習，一名大個子黑人跑進球場，嚷著要找貝比‧魯斯。

　　有人告訴他貝比・魯斯不在這個隊裡，黑大個兒問：「這不是紐約的球隊嗎？」

　　「是啊！」

　　「那貝比・魯斯就應該在隊上啊？」

　　「他在美聯的洋基隊，而我們是國聯的巨人球隊。」

　　「我不管美聯還是國聯，反正我得找貝比要他賠錢。」

　　「貝比欠你錢？」

　　「嗯，去年他在這裡轟個全壘打，球從右外野越過圍牆，朝球場外的樹林飛，又穿過三條街，直到砸破了我家的玻璃窗。球在我手上，我可以證明，換新玻璃窗花了我兩塊七毛五，收據在這兒，他非得賠我錢不可。」

　　這件事傳到貝比耳裡，他立刻寄了支票過去，還告訴對方如果到紐約來，一定要事先通知，好邀請對方來看洋

基隊比賽。

● ☆ ● ☆ ● ☆ ●

貝比對自己的打擊技術得意非凡，卻也隨時警惕，怕誤傷了人。有一回，貝比揮出一記強勁的平飛球，正對著投手急速飛去，說時遲那時快，那位投手瞬間往後一倒，僅絲毫之差就要被球擊中了。等他從地上爬起來時，只見他的雙腳直發抖，臉色蒼白如紙；另一頭的貝比也一臉驚魂未定，兩腿發軟的勉強跑上一壘。

又有一回，貝比擊出一支史無前例的內野高飛球，高到肉眼幾乎看不到。二壘手不斷移動腳步，好讓自己位於球的正下方，企圖接殺；結果球下墜時變得非常快且力道驚人，硬生生的擦過二壘手的手套落地。對方教練拍著那位二壘手的腦袋說：

「幸好你沒讓那球掉在頭上，不然你的腦袋瓜就要開花了。」

看似無堅不摧的貝比也曾經遇過剋星。聖路易布朗人隊中，有一個小個子投手，他專投軟綿綿、飄忽不定的曲球給貝比，貝比生涯中一共碰上他十七次，有十五次被三振。不過唯一擊出的一次，是一支全壘打。

● ☆ ● ☆ ● ☆ ●

貝比早年曾在領到第一份二十五美元的週薪時，買了一輛腳踏車，一償童年的心願。到了紐約後，他的薪水幾乎漲了二十倍，足夠他買一輛汽車。有一回征戰費城，他沒有隨隊搭火車過去，而是趁興帶著妻子和另外兩位隊友開車前往。經過一個轉彎處的時候，速度過快，車子衝出路面，翻滾了好幾個滾才停下；車上四人東飛西滾，奇怪的是竟然沒有人受傷，但汽車全毀。貝比顧不得車子，趕緊去車行再買一輛，繼續開車前往費城，終於在比賽前半小時趕到球場，讓球賽順利

進行，貝比照樣打出全壘打。

這期間，原來在波士頓紅襪隊的經理巴洛，也被洋基球團網羅來擔任球團總經理。有幾次，貝比的情緒低落，巴洛非常了解他，便私下去請聖瑪麗男校的馬蒂亞斯修士來看貝比，安慰他、和他談談心，兩人見面格外欣喜。貝比感激馬蒂亞斯大老遠跑來安撫他的情緒，一高興就買了一輛凱迪拉克的名車相贈。馬蒂亞斯把車停在學校附近，捨不得駕駛，不料竟被一輛貨車撞得四輪朝天。貝比聽說了，立刻又買了一輛送他。

貝比的天性就是這樣隨心所欲，像個孩子般直率，想到哪兒就做到哪兒，沒有半點心機。可貴的是他有一顆善良柔軟的心，從不忘記在他生命中幫助過他的貴人，並時時懷著感恩，對恩情湧泉相報。

貝比‧魯斯之家

紐約有兩支職業棒球隊，除了美國聯盟的洋基隊之外，另一支則是國家聯盟的巨人隊。當時只要有關棒球的新聞，一向都圍繞在國聯的巨人隊，他們多次奪得國聯的錦標，是世界大賽的常客。洋基隊一直不受到重視，觀賽的球迷常是零零落落的，而且連個像樣的球場都沒有，他們必須租用巨人隊的球場，連賽程的安排也必須看巨人隊的空檔而定，像隻受盡欺負的可憐蟲。

在貝比加盟洋基隊後的第二、三年，洋基隊連續奪得美聯錦標，進軍世界大賽。說來也巧，這兩次都在世界大賽與巨人隊交手，偏偏兩次都是巨人隊的手下敗將。然而貝比精彩的全壘打，加上洋基隊不斷贏球的走勢，還是吸引許多球迷買票觀賽，洋基隊的票房收入直線上升，兩位老闆的口袋滿滿。有了盈餘之後，他們便打算興建

屬於自己的球場，不想再受房東的氣，並期待新球場會為他們帶來更佳的球運。

貝比到紐約的第四年，也就是 1923 年，洋基隊的球場建造完成。4 月 18 日舉行啟用典禮，那天紐約市長、大聯盟執行長，還有地方上有頭有臉的大人物都到齊了。可以容納六萬五千人的球場，湧進了七萬五千人，連走道上都站滿了人。開幕賽前來踢館的正是貝比的老東家紅襪隊，貝比見了分外眼紅，暗中祈禱要轟出洋基球場的第一支全壘打，好報答球迷的熱情，不讓他們失望。果然，貝比不負眾望，在第四局轟出一支飛越右外野的三分全壘打。全場球迷歡聲雷動，久久不息，貝比摘下帽子向觀眾揮手致意，洋基隊輕輕鬆鬆的贏了球場的處女秀。

建造球場的經費，大多都來自貝比

吸引來的球迷，貝比的魅力大大刺激了比賽票房，使球團的財庫日益充盈，球場才能順利興建完成，因此媒體暱稱這座球場為「魯斯打造的家」。

同年，洋基隊三度蟬聯美聯冠軍，取得世界大賽的門票，並再度碰上勁敵巨人隊。這一次挾著新球場帶來的一股新氣象，洋基隊總算一舉打敗巨人隊，獲得總冠軍。老闆笑得合不攏嘴，貝比和隊友們一起狂歡慶祝，這些年來的努力，終於嚐到甜蜜的果實了。

●　☆　●　★　●　✿　●

在貝比離開聖瑪麗男校後，沒過幾年，學校遭遇火災，主要的樓房被大火燒毀。貝比聽到這個不幸的消息，多次回到學校察訪，不僅熱心的發動募款，還親自出錢帶領學校的

樂隊，隨著洋基隊出征外地，在球賽前表演，接受觀眾自由樂捐。在洋基球場的開幕典禮上，貝比也邀請了聖瑪麗的樂隊表演，學生賣力的演出，不僅為典禮增色許多，更募得不少款項，讓貝比頗引以為豪。

聖瑪麗男校在各方的資助下，終於浴火重生，繼續為巴爾的摩指導改過自新的少年。貝比時常回到學校，去看自己住過的房間、睡過的雙層床鋪，摸摸自己坐過的椅子，也回到從前打棒球的操場跑一圈。學校裡雖然換上一批批的新面孔，不過，凡是在聖瑪麗讀過書的學生都知道，棒球明星貝比‧魯斯是他們的校友，而且是一位非常傑出的校友。

如果洋基球場是「魯斯打造的家」，那麼，聖瑪麗男子工業學校就是「打造魯斯的家」。

貝比又闖禍了

洋基隊第一次得到總冠軍後，貝比的打擊率逐漸走下坡，連續兩年，他的表現都不好，洋基隊的成績也跟著往下滑。有一度洋基隊在美聯中的排名降到第七，退至二流球隊，隊員之間也跟著相互埋怨，而大部分的埋怨是針對經理哈金斯而來。

洋基隊那時高手雲集，卻都是一群自命不凡的大牌球星。哈金斯又瘦又矮，聲勢上就矮了一大截，而其中最難管教的就是貝比。某一年盛夏，在聖路易市比賽，貝比連續兩夜沒歸營，直到第三天早上，其他隊友都已經在場上練習了，才匆匆趕到。貝比奔進更衣室邊換球衣邊說：

「抱歉啊，哈金斯經理，我有點私事要處理，來晚了。」

哈金斯氣得七竅生煙，冷冰冰的對他說：

「我不想聽你的解釋，既然私人事情那麼多，就不用麻煩換制服了，今天你不需要上場。」

「什麼？」

「禁賽！無限期禁賽！還有，罰款五千元。」說完不等貝比答話就離開了。

貝比追上去說：「你無權這麼做！要不是看你瘦得可憐，假如你多重個五十磅，我非揍扁你不可。」

「好啊，那就算你倒霉，我沒多重五十磅。」哈金斯不甘示弱的頂回去。

「回頭我會告訴魯伯特老闆的！」貝比仍不斷咆哮。

「去嘛，我就怕你不去跟他講，我看你好意思挾著最近丟臉的打擊率，去向魯伯特告狀？說我故意找你麻煩？」

結果，少了貝比，洋基隊倒贏了這場比賽。

回紐約的火車上，一群唯恐天下不亂的記者，圍著貝比加油添醋，貝比說了一大堆氣話，什麼「再也不跟這個小猴子經理打球了！」甚至還要魯伯特做選擇：「有我就沒有他，有他就沒有我。」

「大不了，老子轉到別隊去打球。」貝比的自大與傲慢，令他說出這些在日後深感後悔莫及的話。

直到火車漸漸接近紐約，貝比也漸漸冷靜下來，當他進入魯伯特的辦公室時，迎接他的有魯伯特和巴洛兩人。他們表示支持哈金斯的決定，並強調球隊紀律的重要。貝比頓時了解到哈金斯個兒雖小，卻掌握調度球員的大權，而球隊要出色，球員們就必須服從經理的指揮。

他們走出辦公室後，一群記者圍上來問三人開會結果，這時候貝比已經像一隻鬥敗的公雞一樣，不再神氣活現了。他老老實實的承認自己的行為不當，絕不會意氣用事轉到別支隊伍。貝比後來向哈金斯道歉，保證絕不再犯錯，哈金斯很

快撤銷他的禁賽令。貝比歸隊後，在僅剩一個月的球季裡，更加精進自己的揮棒技巧，打擊率也因此提升。

「人非聖賢，孰能無過。」貝比從錯誤中吸取教訓，知道犯錯就應該立即改過，這對他的一生有莫大的幫助。他認清了哈金斯的個子雖然矮小，卻是一號有膽識的人物，從此不再小看哈金斯。貝比回想起葛伯特修士說過：「天外有天，人外有人。」他認識到自己並不是什麼天才明星，只不過是一名「球員」而已。從前那個驕縱狂妄的小子，已逐漸脫胎換骨成謙卑的「傻大個子」了。

那一年球季結束後的冬天，貝比的私人經理華爾許為他辦了一個盛大的派對，招待所有的體育記者，及一些政、商、社交界名流參加。一位紐約州的參議員華克先生說了一段話，他強調貝比‧魯斯的責任，並不是只為了拿薪水而打球，也不是只

對老闆和球團負責而已，其實他的一言一行、一舉一動，都被美國的孩子們看在眼裡，深深的影響他們。全國從東到西、從南到北的兒童，不管是富人家的孩子，還是窮人家的孩子；不管是穿著光鮮的小孩，還是滿街亂跑髒兮兮的小孩，都仰著一張張熱切盼望的小臉，把貝比·魯斯當作神一樣的崇拜，這樣的意義非同小可。說到這裡，華克先生忽然轉頭問貝比：「你不會讓他們失望吧？」

貝比閉緊了厚厚的嘴唇，眼含淚光，久久說不出話來。這一番話，深深烙印在他的心底。

派對之後，貝比進行了嚴格的體能訓練，包括舉重、跑步、加強速度、控制飲食、減肥，兩、三個月下來，貝比結實得像根鋼棒。這時洋基隊也大規模調整球員名單，網羅許多好手，尤其從二軍調上來一個高大個兒，名叫路葛瑞，人稱「大路」。他的擊球率不亞於貝比，兩人一見如故。

那時，貝比打第三棒，「長人鮑伯*」 第四

棒，「大路」第五棒。大路也是個棒球奇才，他很快便獨當一面擔任一壘手；他和貝比兩人，常常令對方的投手頭痛不已，不知該怎麼對付才好。

貝比在 1926 年球季開賽時揚言：「我們洋基隊今年要徹底翻身，奪回美聯錦標，進軍世界大賽！」

從老七爬到第一？所有體育報導都認為這是不可能的任務。但是洋基隊做到了！貝比沒有吹牛，當年洋基隊果然稱霸美聯，貝比克服了自己的缺點，一整個球季打得都很順手，哈金斯樂得眉開眼笑，表揚貝比：

「一個能打敗很多凶狠對手的人，固然令人佩服，但對於一個能戰勝他自己的人，我更佩服。」貝比也更加尊敬哈金斯。

這年洋基隊在世界大賽中對上聖路易紅雀

＊**長人鮑伯**：全名鮑伯・穆塞爾，他的全壘打、打點、長打率都曾在聯盟中領先，平均攻擊力僅次於貝比・魯斯。

隊，前六場雙方三勝三負打成平手。第七場決定性的比賽在洋基球場舉行，那天早上下著濛濛細雨，廣播先宣佈球賽延期的消息，過了中午雨停了，棒球委員會執行長才口頭通知球賽照常進行，因此球場內只坐了七成球迷，但是這七成球迷卻見證了一場難忘的比賽，儘管最後洋基隊沒有贏得勝利。

　　比賽才開始沒多久，貝比就敲出一支陽春全壘打，洋基隊取得一分領先；不料因為隊友的防守頻頻失誤，反倒又讓紅雀隊超前，雙方你來我往，實力不相上下。七局下，洋基隊滿壘，在此關鍵時刻，紅雀隊換上救援投手——前一天才投

完整場球賽的四十歲老牌投手亞歷山大。貝比和隊友們都非常驚訝，因為大家聽說，亞歷山大昨晚慶祝勝利，一整夜喝酒狂歡，今天應該相當疲倦。但紅雀隊經

理從他的眼睛裡讀出無比的自信，便把球交給他來投。

在全場球迷緊張的注視之下，洋基隊的打者擊出一支強而有力的高飛球，往左外野直直飛去，這時所有人都以為出現了大滿貫全壘打＊，站起來準備鼓掌歡呼，只見球在最後一刻掉出界外，最後打者被三振出局，洋基隊沒把握住得分、甚至超前的機會。

洋基隊最後的反攻機會在第九局，兩人出局後貝比第四度獲保送，心裡憋得真難受。在「長人鮑伯」一次揮棒落空當中，貝比決定出奇制勝，打算利用盜壘策略搶攻分數，不料紅雀隊的捕手眼明手快，把球快速傳給二壘手，在距離壘包差一點點的地方，把滑壘的貝比逮個正著。貝比站起來後，大家都以為依照他的脾氣，一定會發怒

＊大滿貫全壘打：比賽場上，三個壘包均有攻擊方跑壘員稱作滿壘；滿壘時打者擊出全壘打則可獲得四分，俗稱「大滿貫」。

抗議，卻見他一語不發的黯然離場。最後洋基隊反攻失敗，和總冠軍盃失之交臂。

　　後來巴洛分析這場球賽，認為這是他見過貝比在球場上所犯的唯一錯誤。但是，這也顯示出貝比的毅力與好勝心，不到最後關頭，他絕不放棄任何贏球的機會。

洋基隊稱王

　　錯失總冠軍的洋基隊員們並沒有因此氣餒，他們誓言明年將會捲土重來。隔年，經理哈金斯為了讓洋基隊陣容更加無堅不摧，於是在「殺手

打線*」上做了修正，但仍然以貝比和「大路」為打線核心。貝比在這一季的表現特別優秀，一共轟出六十支全壘打，刷新自己在 1921 年創下的紀錄；「大路」那年的成果也相當驚人，除了全壘打數外，打點及打擊率都勝過貝比，也因此順理成章當選為那年美聯最有價值的球員。他的生活極有規律，體力和耐力堅強，自從擔任洋基隊的先發一壘手之後，連續出席了兩千一百三十場球賽，被譽為「鐵馬」。這項紀錄保持了五十六年，直到 1995 年才被金鶯隊的小卡爾瑞普肯所破。

　　話說回那年的球季，洋基隊勢如破竹，幾乎沒有遇到任何阻礙，輕而易舉得到美聯錦標，進軍世界大賽。當年國聯錦標得主是匹茲堡的海盜隊，兩隊在球季例行賽中從來沒交過手，球員間也互不認識。

　　當洋基隊首次出現在匹茲堡的球場練球時，貝比和「大路」不停的把球打到右外野

的露天看臺,「長人鮑伯」及第六棒則不斷打往左外野的露天座。*海盜隊的球員們看得目瞪口呆,心中暗暗驚呼:哪有這麼凶悍的打法?大賽尚未開始,海盜隊在士氣上已經輸了一截,由此可知「殺手打線」絕非浪得虛名。

這年世界大賽,洋基隊四戰連勝,橫掃海盜隊,奪得總冠軍寶座。貝比興奮的不斷嚷著:

「哇!太棒了!去年盜壘被逮的窩囊氣一掃而光,超級痛快!」

老闆魯伯特摸摸貝比的頭,又摸摸「大路」的頭,樂得話都說不出來。

哈金斯雖然已被貝比尊稱為了不起的「大」經理,但個頭還是那麼小,貝比一把將他扛起來,傳給「大路」,「大路」又傳給其他隊友。大伙兒

---

*殺手打線:當時洋基隊的第三棒、第四棒、第五棒以及第六棒被譽為殺手打線。

*右外野與左外野:貝比和路葛瑞都是左撇子,擊出的長球多半往右外野方向飛;「長人鮑伯」和第六棒的賴澤理剛好相反,他們是右打者,球一般往左外野方向飛。

瘋狂的唱歌、跳舞、吼叫，簡直像一群瘋子。

這年由全國體育記者聯合舉辦的晚會中，他們將「年度最佳球員獎」頒發給貝比。貝比獲得全票當選，並不是因為他轟出六十支全壘打，也不是因為他在世界大賽中擊出兩支全壘打；而是表揚他從成績最糟糕的 1925 年，積極奮鬥爬出谷底，最終逆轉成功。1927 年，是貝比生平中最值得驕傲的一年！

隔年，洋基隊再度創下連三年蟬聯美聯冠軍的紀錄*，進軍世界大賽。巧的是，這次又遇到聖路易紅雀隊。

大賽的第三場在聖路易球場比賽，第七局的時候，洋基隊已經以六比三遙遙領先。此時貝比成功上到三壘，並再度有盜壘的機會，為了一雪前恥，這次他看準時機，拔腿往本壘衝，紅雀捕手被他兩百三十磅的結實身軀撞得人仰馬翻，貝比成功奪下分數，總算是出了這一口氣。他洋洋

得意的回到休息區，卻被哈金斯數落一頓，說他不應該冒著受傷的危險，去奪這沒必要的一分。

第四場比賽也出現難忘的場面。七局時比數二比一，洋基隊落後一分，貝比在兩名隊友出局後上場打擊，但他很快面臨可能被三振出局的危機；這時貝比退出擊球區，甩甩球棒，又喃喃自語了一番，試圖讓自己冷靜一些，稍作舒展之後再踏進擊球區。只見對方投手迅雷不及掩耳的投來一記好球，全場觀眾歡聲雷動，以為貝比被三振了。但主審裁判沒做任何手勢，貝比也待在場上屹立不動。激動的球迷不禁大喊：

「大個子，三振出局你懂嗎？笨喔！」

紅雀隊經理、投手、捕手……幾乎所有在場上的球員，全圍過來七嘴八舌的抗議。主審裁判卻簡單明瞭的回答：「這球是『快投*』，不合規則。」紅雀隊經理向其他幾位裁判抗議，但裁判們都支持主審的判決。

　　等騷動平靜下來後，貝比繼續耐心選球，一連兩個壞球過後，投手投來一記好球。貝比知道機會來了，連忙使出他的拿手絕活，把球棒最粗的部位，對準球使勁朝右外野上空轟去……全壘打！結果滿場都是紅雀球迷的噓聲，貝比毫不在意，悠哉的跑過各個壘包，回到本壘，比賽打成平手。接著鐵馬「大路」又跟進一支全壘打，洋基隊超前，紅雀隊頓失士氣。這一局洋基隊共得四分，第八局貝比再添一支兩分全壘打。終場洋基隊以七比三獲勝。

　　魯伯特老闆早就包好了火車，只等這群樂瘋的小子們，直接從球場前往車站，奔回紐約。一路上他們的歡呼和笑鬧聲，比火車的怒吼還響亮。

＊**美聯冠軍紀錄**：洋基隊曾於 1921、1922、1923 三年蟬聯美聯冠軍，又於 1926、1927、1928 三年蟬聯美聯冠軍。

＊**快投**：當年國聯的例行賽中，投手常使用「快投」的戰術三振打者，但在世界大賽前，大聯盟理事會特別決議，「快投」是違規的。

球場外的棒球王

婚姻生活

貝比剛成為紅襪隊先發投手的那年，只不過是個二十歲的大男孩，他獨自一人生活，每日的三餐都在餐館解決。他經常光顧一家小吃店用早餐，店裡有位年輕的女服務生，名叫海倫，已經注意貝比一陣子了，她常常主動過來招呼貝比，久而久之兩人就熟稔起來，互相有了好感。

有一天，貝比突然向海倫求婚，海倫想了一下便答應了。婚後貝比在波士頓買了房子，把家安頓下來。他們沒有生小孩，於是便領養了一個女孩陶樂絲。每年球季都有七、八個月長，其中

一半的時間貝比要出征外地；而海倫的個性內向，喜歡待在家裡，很少跟著貝比到外地打球。她本來對棒球的興趣就不濃，婚姻維持了十年，兩人最後情緣漸盡，決定分居，三年後海倫在一場大火中不幸喪生，貝比黯然的為她料理後事。

後來貝比第二次結婚，娶了一位演藝圈裡的女士，名叫克萊兒。她也是再婚，與前夫育有一女，叫做茱麗亞，貝比收養了她，對她視如己出。克萊兒非常活潑外向，也擅於交際，有很好的生意頭腦，正好彌補貝比的不足。她為貝比解決許多交涉、協議、簽約的事情，也幫忙貝比和人溝通應對、回覆球迷來信或電話，都做得有條不紊。貝比晚年健康狀況不佳時，各地的政要、富商和球迷紛紛來信慰問，連杜魯門總統也曾親自來電問候，都由克萊兒協助應對。她既是一位好妻子，也是貝比的得

力助手。

　　貝比很愛護他收養的兩個女兒，時常帶她們出現在各種公共場合上。陶樂絲在 1989 年去世；茱麗亞現居亞利桑納州。2008 年 9 月，在洋基球場啟用八十五年以來的最後一場比賽上，她應邀出席，並擔任開球嘉賓，象徵「魯斯打造的家」完美的結束它光榮的歷史。

朋友情誼

　　貝比從小在街頭混大，那時結交的朋友，幾乎可以算是貝比的患難之交。他經常會想念他們，所以每當回到巴爾的摩或華盛頓打球時，總不會忘記回到從前的碼頭，探望那群老朋友，邀請他們吃吃喝喝。老朋友們見到貝比如今這麼風光，卻還顧念著舊日的情誼，都非常感動。

　　貝比的天性樂觀，喜歡開小玩笑。有回洋基隊招募了一批新手，請他傳授擊球祕訣給這群菜

鳥。有一個年輕小伙子，打擊技巧不太靈光，貝比反覆指導他，還是不見他有進步，就建議他乾脆左、右手同時練習。貝比揶揄的說：「如此一來，你的打擊率可以立刻提升到四成！」

「真的嗎？」小伙子興奮的問。

「當然啦！右手打擊率兩成，左手兩成，加起來不就四成了嗎？」

洋基隊1923年網羅來的鐵馬「大路」，起先在二軍培訓時，貝比就看出他是塊打棒球的料。等到「大路」擔任先發一壘手，打擊順序緊接在貝比之後，貝比更加高興了。也因為兩人有共同的釣魚嗜好，打球之餘常相約去海邊釣魚，交情越來越好。貝比大「大路」八歲，把他當作親弟弟一樣。「大路」從前就讀哥倫比亞大學，是一所學術風氣十分鼎盛的名校。但他的父親身體不好

需要養病，家計全由母親一人撐起。「大路」讀了兩年大學，後來母親也病倒了，他不得已才輟學加入職棒，掙錢負擔家計和醫藥費。

貝比欽佩「大路」曾在名校讀書，有時也會調侃他：「哥倫比亞大學是頂尖的學校，你讀哪個系呢？該不會是棒球系吧？」當然這句話在暗示「大路」是個頂尖的球員。

只要在紐約比完球賽，「大路」就會邀請貝比一同回家，「大路」的媽媽總會熱情的招待貝比，做許多好吃的家常菜讓貝比大飽口福。貝比回想自己小時候的家庭，簡直無法相比，跟「大路」的家人在一起時，他感到從未有過的家庭溫暖。

不過，有次「大路」的媽媽無意間批評了貝比的第二任妻子克萊兒，讓貝比和「大路」之間產生了誤會，有好一陣子兩人在球場外完全不相

往來，甚至不說話。克萊兒不想因為自己讓兩人產生嫌隙，努力的勸和他們。

多年後，「大路」得了嚴重的「肌萎縮側索硬化症*」，使他的棒球生涯戛然劃下句點。洋基隊為了表揚「大路」，特別把 1939 年 7 月 4 日訂為「路葛瑞日」。那天「大路」語帶哽咽的說：「我是地球上最幸運的人。」貝比一聽，忍不住淚流滿面，上前擁抱「大路」，成為棒球史上的一段佳話。

與兒童結緣

貝比・魯斯除了熱愛棒球，也關心兒童。特別是對於罹患殘疾或家境貧困的弱勢兒童，貝比

*肌萎縮側索硬化症：全名為「肌萎縮性脊髓側索硬化症」，是一種會迅速惡化致死的疾病，病因至今不明。路葛瑞患病後，健康急速惡化，到寸步難行的地步，不到三年便過世了。世人因而警覺到此病的嚴重性，將它簡稱為「路葛瑞氏症」。英國著名的科學家史蒂芬・霍金罹患此病已超過五十年，目前仍在世，是一件極為特殊的案例。

總是懷有特殊情感，常不自覺在舉止間流露真情。有一年春訓在佛羅里達州，一輛敞篷車停在右外野界外線附近，開車的男士身邊躺著一個小男孩，那位男孩明顯是個患有殘疾的小朋友。當洋基隊練習完畢，貝比經過那輛車時，他自然的和小男孩打招呼：「嗨！小伙子！」

「嗨！貝比！」那孩子突然站起來和貝比打招呼。他爸爸大喊：「他站起來了！他站⋯⋯站⋯⋯，我的兒子有兩年沒站起來過了，感謝上帝！」

●　☆　●　☆　●　☆　●

還有一次，也是在春訓結束後，球隊全師北上期間，照慣例在兩、三個小城做短暫停留，舉行友誼賽。洋基隊如往常打出貝比這張王牌作為賣點，而這些小城的居民難得有機會一睹他的丰采，早早就把門票搶光了，現場座無虛席。偏偏這次貝比生病發高燒，哈金斯經理特地囑咐他留在旅館裡休息。貝比左思右想：「這些球迷好不容

易等到洋基隊來打球，怎麼能讓他們失望呢？尤其是那些孩子們。」

　　於是貝比叫了一輛計程車，在開賽前幾分鐘趕到球場。哈金斯見了大為光火：「你怎麼來了？你想找死啊？」

　　「不是啦，教練，你看球迷都是衝著我來的，我怎麼可以缺席呢？」

　　「好吧！你打五局，然後滾回旅館去！」哈金斯心裡捨不得，嘴上卻故意凶巴巴的對貝比說。

　　當晚在火車上，貝比持續高燒不退，狗仔隊忙著發新聞，說貝比病得不輕，有生命危險。第二天連英國倫敦的報紙都謠傳貝比‧魯斯死亡的消息；好像貝比的一舉一動，全世界都在注意。

● ☆ ● ☆ ● ☆ ●

　　還有一個叫強尼的男孩，住在紐澤西，大約十一、二歲。他已臥病許久，等到身體上的疾病痊癒後，卻仍然無法站立。醫生說，如果給他強烈的刺激，也許可以讓他站起來。男孩的父親知

道兒子是貝比的球迷，便寫信給貝比，希望他能寫封信或送個簽名球給男孩。

貝比收到信後，二話不說，馬上開車前往。當貝比突然出現在強尼面前，強尼彷彿受到電擊般的刺激，驚喜的眼珠都快要蹦出來了。貝比坐在床沿，送手套、棒球和球棒給他，並對強尼說：「你一定要站起來，才可以和其他小朋友一起玩棒球。」

強尼問：「你能為我轟出全壘打嗎？」

「當然囉！」貝比說：「讓我摸摸你的頭，討個好運。」

那時正是 1926 年的世界大賽，雖然洋基隊沒能奪得總冠軍，但貝比在比賽中擊出四支全壘打，每轟出一支就說：「強尼，這是為你打的，趕快好起來！」

強尼的身體狀況果真一天天進步了，他長大後，在海軍服務，後來還在「貝比‧魯斯日」的前一天，穿著軍裝來見貝比。

● ☆ ● ● ☆ ● ☆ ●

又有一次，也是在春訓結束後的歸途中，經過一個名為諾克司堡的小鎮，隊員們正在旅館裡休息，一個鄉下人來找貝比，說他特地從大老遠的地方跑來，想為生病的孩子討張簽名照回去。說著說著下起大雨，球賽因此取消了，貝比就要鄉下人趕緊帶路去他家。雖然他們幾乎花了一整天的時間往返，但貝比覺得能看到孩子憔悴的病容上散發出一點光彩，就值得這樣來回奔波了。

很多記者批評貝比為孩子們的付出，只是為了做宣傳，提高個人身價而已。貝比聽了也不生氣，只告訴記者們：「以後別像狗仔跟著我跑東跑西就行了。」

其實，貝比對孩童的喜愛，絕對是真情流露的。每當聽到孩子們有需要，他總是一馬當先去做；他覺得和小孩子待在一起，總是非常愉快又自然。後來貝比離開大聯盟，不再打球後，有一次他在球場裡看比賽，剛好看見一個小男孩請一

位球員在棒球上簽名，那位年輕球員不耐煩的把小孩推開；男孩受到委屈，癟著嘴巴都快要哭出來了，貝比在一旁拿過棒球說：「我來幫你簽。」

也許那個小球迷不認識貝比，但如果他的長輩們看到那顆球，不知道會有多高興呢！

離開洋基、成為親善大使

1932 年的球季一開始，洋基隊就打得非常順利，打遍美聯無敵手，輕輕鬆鬆得到聯盟冠軍，進軍世界大賽。這次的對手是國聯的芝加哥小熊隊，洋基隊再度以四連勝橫掃小熊隊，其中最精彩的要算是第三場比賽了，這一場的地點在芝加哥。貝比一行人抵達旅館時，一群小熊隊球迷對著貝比叫囂，結果場面失控，有人潑水殃及貝比的妻子克萊兒，害她被水淋得渾身溼透，貝比一怒之下，決定要在球場上給他們好看！

比賽進行到五局上，雙方四比四平手，輪到

貝比打擊。投手第一球投了一記又快又直的好球，貝比沒揮棒，不等裁判決定他就先舉起右手大聲喊道：「好球！」第二球還是同樣的球路，貝比仍然沒有揮棒，又高喊：「好球！」全場的觀眾都從椅子上站起來鼓譟，要投手把貝比三振出局。

這時貝比環顧球場一周，用手指向中外野露天看臺上一群鼓譟得最厲害的球迷，好像在預告下一球要打到那個方向去。此時投手投來第三球，仍是同樣的球路，貝比自言自語：「就等這一球了！」他幾乎用盡全身的力量揮棒，只見那球不斷飛呀飛的，那一區的觀眾都已經起立搶著要接「戰利品」了，而球不偏不倚就落在貝比指的方位上，後來成為棒球史上被大家津津樂道的「全壘打預告」。

1932 年是貝比生涯中參加的第十次世界大

賽，贏得第七次總冠軍。因為他的年紀越來越大，體力漸漸變差，之後的兩年裡雖然仍有很好的成績，但顯然貝比棒球生涯的巔峰期已經過去了。兩年後他結束與洋基隊的合約，離開這個他待了長達十五年之久的球隊。

1934 年球季結束後，美國職棒圈的好手們組成了一支明星球隊，包括貝比‧魯斯、「大路」路葛瑞等許多球星，遠赴日本進行友誼賽。

貝比一行人在日本受到熱烈歡迎，所到之處無不擠滿熱情球迷，只要能看他一眼，和他握個手，簡直比中獎還興奮。遇到日本小球迷，貝比少不得又抱起來照張相。

當時貝比已將近四十歲，許多後起之秀在背後稱他「老爹」，但在友誼賽所設的獎項中他依然囊括了三項大獎，主辦賽事的《讀賣新聞》還以頭條大標題報導著：「貝比‧魯斯萬歲！」

此趟日本之行，美國隊圓滿達成任務，貝比被譽為親善大使。

不朽的傳奇

天生的棒球奇才

紐約哥倫比亞大學一位教授，曾經請貝比去做一系列的測試，結果有多項不尋常的發現：貝比・魯斯身體全方位的動作協調率高達 90%，遠遠超過一般人，一百萬人之中也難以找到一人有這樣的能力；他的視力絕佳，通常每六人中僅一人有此超凡視力，而他的聽力也異常敏銳。最重要的一項為他的「壓力穩定」性，也就是說，當遇到形勢緊迫的時候，他的精神越是穩定，越能沉著應付緊張的局面，這項成績的得分率為五百分之一；他的「反彈」或稱「應變」能力亦超過

常人，比賽落後時他的「逆轉」能力極強，對突發事件所作出的判斷及身體反應都相當快速。總之，這位教授對貝比‧魯斯的評語只有四字：「非比尋常」。

　　貝比的視力是他能準確擊球的祕密武器，他從投手一出手之際，就能看出球進入本壘的位置及旋轉方向。畢竟他也是個投球高手，因此在別人眼裡小小的棒球，到他的面前看起來又圓又大，很輕易的就能將球擊中，而且落點極佳，絕少擊出雙殺球。*

輝煌之後

　　運動場上沒有永遠的常勝軍，年齡是殘酷的敵人，貝比也逃不過與年齡的競賽。貝比四十歲那年，洋基隊招募了許多年輕好手，使他上場機會大減，只好無可奈何的轉而效力於波士頓國聯的勇士隊*。

　　由於貝比揮棒的力道仍然很強勁，勇士隊以他的全壘打作為賣點刺激票房，依然吸引了不少球迷。但他的視力漸漸變差，雙腿也開始力不從心了，跑壘和接高飛球時常會發生失誤。球季進行不到兩個月，他就宣布退休了。

　　貝比退休後，仍然積極參與大聯盟舉辦的各種慈善活動。他去醫院探訪病患，到孤兒院鼓勵兒童，所到之處都受到民眾熱烈的歡迎。第二次世界大戰爆發後，美國全面參戰，為了募款慰勞前線辛苦作戰的軍人，貝比和一幫棒球老將，受邀在洋基球場舉行兩局表演賽。結果恰巧遇上和他同時入選第一屆美國棒球名人堂＊的大投手華

＊**貝比的雙殺球**：貝比僅在職棒生涯的最後一年，體力狀況走下坡時，擊出兩次雙殺球，除此之外，他從來沒擊出過雙殺球，可見他擊球時能很好的控制住球飛出或落地的方向。

＊**勇士隊**：波士頓的國家聯盟球隊，成軍於 19 世紀末期，1966 年遷移到亞特蘭大市，是今日的亞特蘭大勇士隊。

＊**美國棒球名人堂**：設立於 1936 年，貝比以高票入選首屆名人堂，其他當選的有泰‧柯布、華特‧強生等，一共有五位。

特・強生，他對強生說：「老兄，我有四年沒摸過球棒了，你投球客氣點！」

同樣顯露出老態的強生說：「貝比，你也客氣點，把球打到哪個方向都行，就是別對著我打過來！」

洋基球場湧進了六萬人，大家都爭著看久違的明星球員，一睹他們多年後重回球場上的丰采。強生投了幾個暖身球，接著貝比踏進擊球區，準備開打了！強生一連投了二十球，貝比不斷揮出界外球，等到第二十一球向自己飛來時，貝比覺得從前全盛時期的勁兒都回來了，只聽「鏗！」

的一聲，球直直往右外野三層高的露天看臺飛去。六萬名球迷興奮的瘋狂吼叫！貝比跑過每個壘包回到本壘，和強生勾肩搭背的一起退場。觀眾們大呼過癮，覺得還不夠，要求他們回到場上繼續打。

貝比對這次能再度穿上洋基隊的條紋制服，感到無上的光榮！

貝比生病了

貝比五十一歲時，健康出現了明顯的問題。不僅聲音變得粗啞，頸部也常常覺得僵硬，而且經常會有劇烈的頭痛。經過醫生多方面的診治，包括開刀、服藥和注射，都不見病情好轉。他的體重銳減，醫生認為他得了罕見的絕症*。

但貝比在病中還不忘幽自己一默。有一天他

---

*罕見絕症：現在知道貝比罹患的是鼻咽癌，這在當時是相當罕見的疾病。

下床站直了，低頭一看，驚喜的說：

「啊！我看到自己的腳了！自從加入洋基隊，我的腰圍和肚腩就跟著全壘打次數一樣，與日俱增，就再也沒站著看過自己的腳了！」

然而，長久待在病房裡的日子，不免使他感到孤獨無助。他的妻子克萊兒，每天都到醫院照顧他，動手術的前後幾天，更是不眠不休陪伴他。有時候，貝比隱隱約約會覺得病房的窗外似乎有呼喊聲：「加油！貝比，加油！」

其實不僅在病房外，連醫院的圍牆外、紐約的大街小巷、球場裡裡外外、全美各個大城小鎮，甚至在地球各個角落，都有無數喜愛他的球迷在為他打氣：「貝比加油！你一定要加油！」

起先克萊兒每天帶來幾封信，讀給他聽，後來他的律師帶來一大包、一大包，再來是一大箱、

一大箱各地球迷寄來的信。很多是用鉛筆歪歪斜斜的寫著：「貝比，祝你早日康復！」一看就知道是小朋友寄來的。貝比堅持每封信都必須回覆，克萊兒便成為他的祕書，把每一封回信都打好字，然後由貝比親筆簽名才寄出。

大聯盟為了表揚他的成就，也感念他為棒球運動所做的貢獻，理事長特別宣布 1947 年 4 月 27 日為「貝比‧魯斯日」。那一天，洋基球場再度湧進約六萬名的球迷。

貝比費力的走向本壘前的麥克風，他發自內心呼籲人們支持棒球：「棒球可以一路陪伴兒童成長，從少年到青年、從青年到成人，這是上天賜予人類最有意義的活動！」

他的聲音嘶啞得很不對勁，但全場觀眾都能感受到這是由衷的肺腑之言。他實在太愛棒球了，說完就忍不住流下眼淚；在這一刻，成立「貝比‧魯斯基金會」的念頭在他心中萌芽。

日後他的律師幫助他成立了這個基金會，專門協助貧困而被忽視的青少年。基金會提供兩種獎學金：一是學業成績優良獎學金；另一種是傑出運動員獎學金，期望培養青少年健全的人格，讓他們能在未來成為社會上的中堅分子，就像貝比一樣。

　　貝比·魯斯過世時才五十三歲，但他在棒球上登峰造極的成就與他的傳奇故事，永遠停留在那個魔幻時刻，留給世人無限懷念。

真的有「貝比‧魯斯魔咒」嗎？

大概誰都不曉得吧！

不過這麼多年來，紅襪隊有很多次可以贏得總冠軍的機會，但總是沒能把握住。打棒球就跟把任何一件事情做好是一樣的，對自己要有信心，不輕言放棄，隊員之間更要互相信任，彼此合作並培養十足默契，才能獲勝。

貝比打贏球的特候，總是將功勞歸給他的隊友們。當他擔任投手時，別人誇他投得好，他歸功於隊友的火力支援；當他成為強打者，也說是因為有隊友在壘上，他的全壘打才能得到更多分；當球隊輸了，或者有隊友失誤，他也從不埋怨，總是為隊友打氣。貝比的運動家風範，是球隊致勝的原因之一。紅襪隊如果加強隊員之間的合作默契與團隊精神，說不定就不會失去那麼多

贏球的機會了。

　　貝比‧魯斯童年生活艱苦，可說是從逆境中學習，聖瑪麗男校的修士們引導他作出正確的選擇，改變了他的一生；他奮鬥成功的例子，值得我們效法。

　　貝比‧魯斯創下許多紀錄，一直到現在仍然保持著，尤其是衡量一名球員攻擊力指標的上壘加長打率，他所保持的 1.164 紀錄，更是無人可比。他的生涯打點數為 2213 分，雖然已被人刷新，也夠可觀的。這些驚人的成績，使他成為棒球運動的典範，激勵新進球員，以他為追逐的目標。

　　貝比‧魯斯的全壘

打，領導一股風潮，使得向來都是低得分的棒球運動，也開始出現充滿戲劇性的打擊戰，讓觀眾看得更過癮。1920 年代，打假球的「黑襪醜聞」使美國職棒圈一蹶不振，是貝比·魯斯一手扭轉乾坤，使棒球成為美國民眾最喜愛的運動。在棒球的領域中，他的功勞及貢獻，是不容否認的。

　　貝比對兒童的關懷，也令人感動，他深懷赤子之心，對那些貧苦的孩子，時常將心比心，伸出援手。不管是看過或沒看過他打球的孩子們，不管是愛打棒球或不打棒球的孩子們，都被他那份對棒球的熱誠和愛所鼓舞。貝比·魯斯不僅是叱吒風雲的一代棒球名將，更是每個孩子心目中永遠敬佩的棒球王。

貝比·魯斯 小檔案

1895 年　出生於美國巴爾的摩市。

1902 年　進入聖瑪麗男子工業學校。

1914 年　加盟巴爾的摩金鶯隊，7 月轉往波士頓紅襪隊，
　　　　　7 月 11 日大聯盟登板處女秀。

1915 年　生涯首次獲得世界大賽冠軍。與海倫結婚。

1916 年　首次獲世界大賽勝投，生涯二度獲總冠軍，並
　　　　　得到美聯最佳投手獎。

1918 年　獲兩場世界大賽勝投，生涯三度獲總冠軍。

1919 年　單季擊出二十九支全壘打，打破三十五年以來
　　　　　的職棒紀錄。

1920 年　轉赴紐約洋基隊，當年球季共擊出五十四支全
　　　　　壘打。

1921 年　創下單一球季五十九支全壘打紀錄。

1923 年　洋基球場落成，貝比在新球場啟用的第一場比
　　　　　賽中擊出致勝全壘打；同年洋基獲世界大賽冠
　　　　　軍，為貝比生涯第四度獲得總冠軍，並獲選美

聯最有價值球員。

1927 年　單季擊出六十支全壘打，洋基再獲總冠軍，貝比生涯第五度總冠軍，同年當選年度最佳球員。

1928 年　洋基第三度獲總冠軍，為貝比生涯第六度獲得總冠軍。

1929 年　二度結婚，娶克萊兒為妻。

1932 年　生涯最後一次獲得世界大賽總冠軍。

1933 年　入選首屆美國職棒明星大賽。

1934 年　入選第二屆明星大賽，同年赴日本進行友誼賽。

1935 年　轉赴波士頓勇士隊。同年球季中宣布退休。

1936 年　入選首屆美國棒球名人堂。

1947 年　美國大聯盟訂定該年 4 月 27 日為「貝比‧魯斯日」。

1948 年　6 月 13 日洋基隊宣布貝比球衣的背號「3」正式退休，此後該隊再也無人可使用 3 號，此為極高榮耀。同年 8 月 16 日，貝比去世，享年五十三歲。

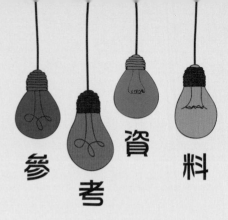

參 考 資 料

- *Babe Ruth's Own Book of Baseball*／George Herman Ruth 著
- *The Big Bam: The Life and Times of Babe Ruth*／Leigh Montville 著
- *Babe Ruth Legends in Sport*／Matt Christopher 著
- *Babe Ruth Saves Baseball!*／Frank Murphy、Richard Walz 著
- *The Babe Ruth Story: As Told to Bob Considine*／George Herman Ruth、Bob Considine 著

- *The Babe Ruth Story*／Roy Del Ruth 執導

國家圖書館出版品預行編目資料

貝比‧魯斯／成彥邦,陳紫薇著;簡志剛繪.－－初版一刷.－－臺北市: 三民, 2014
面; 公分.－－(兒童文學叢書/近代領航人物)

ISBN 978–957–14–5922–6 (平裝)

1.魯斯(Ruth, Babe, 1895–1948) 2.傳記
3.通俗作品

781.08   103011175

© 貝比‧魯斯

著 作 人	成彥邦　陳紫薇
繪　 者	簡志剛
主　 編	張燕風
企劃編輯	莊婷婷
責任編輯	黃奕寧
美術設計	郭雅萍
發 行 人	劉振強
著作財產權人	三民書局股份有限公司
發 行 所	三民書局股份有限公司
	地址　臺北市復興北路386號
	電話　(02)25006600
	郵撥帳號　0009998–5
門 市 部	(復北店)臺北市復興北路386號
	(重南店)臺北市重慶南路一段61號
出版日期	初版一刷　2014年7月
編　 號	S 782500

行政院新聞局登記證局版臺業字第○二○○號

有著作權‧不准侵害

ISBN　978–957–14–5922–6　(平裝)